L'ASTROLOGIE DE L'AMOUR

W0308961

Tous droits de traduction, d'adaptation et de reproduction réservés pour tous pays.

© Éditions Michel Lafon, 2022
© Éditions Michel Lafon Poche, 2022, pour la présente édition
118, avenue Achille-Peretti – CS 70024
92521 Neuilly-sur-Seine Cedex

Jean-Yves Espié

L'Astrologie de l'Amour

Avec la collaboration de Laurence Caracalla
Illustré par Sibylle Ristroph

Michel Lafon Poche

« Connais-toi toi-même et ainsi ni les dieux ni les hommes n'auront plus de secrets pour toi. »

Socrate

INTRODUCTION

Pourquoi devenir astrologue ? Cette question – on me l'a si souvent posée – me fait chaque fois sourire. Oui, c'est un drôle de métier, occulte pour les uns, surnaturel pour beaucoup. On me confond parfois avec un voyant, un diseur de bonne aventure, mais je n'ai dans mes tablettes ni marc de café ni boule de cristal. Je ne m'appuie que sur du réel – le Soleil, la Lune, les planètes –, et, lorsque j'explique de manière toute simple, concrète, de quoi il s'agit, il semble que je parviens à capter l'attention de mon interlocuteur, même le plus réfractaire. Simplement parce que cette science n'est ni occulte ni étrange. Elle ne repose que sur l'observation du ciel, de son activité et de son influence sur l'être humain. Et cela ne date pas d'hier ! Voilà des milliers d'années, le mouvement des planètes servait à calculer le temps, celui d'une journée, d'une saison, d'une moisson, d'une récolte. Puis les astres nous ont appris bien d'autres choses : sur nous-mêmes d'abord – « connais-toi toi-même », disait Socrate – et sur les autres ; mieux, sur notre relation aux autres.

90 % des personnes qui viennent me demander conseil sont des femmes. Pourquoi ? Parce que, depuis un siècle, elles se sont émancipées des hommes, sont devenues indépendantes et autonomes financièrement, font des études et se posent bien plus de questions que les hommes. Les femmes ont cette dimension humaine, cette ouverture aux émotions dont, pardonnez ma lucidité, mes congénères sont rarement pourvus. Elles veulent s'améliorer, éviter de répéter les mêmes erreurs, elles acceptent de s'être parfois

trompées. Lors de mes consultations, pendant cinquante minutes, nous dialoguons, et je tente de les orienter vers ce que je crois être le mieux pour elles. Un appel sur deux concerne leur vie affective. La vie est bien faite, c'est ma priorité, le sujet qui me captive le plus, et cela depuis toujours. Au fil du temps, j'ai constaté que très peu de personnes avaient une bonne connaissance d'elles-mêmes. L'astrologie peut les aider à obtenir une grille de lecture et mettre naturellement l'accent sur ce qu'il leur est possible d'améliorer. Comment alors ne pas être passionné par cette discipline ? Oui, l'astrologie coule dans mes veines et cela ne date pas d'hier...

J'étais un enfant discret. À vrai dire, on ne m'entendait pas. Ma mère m'a un jour avoué qu'il lui arrivait de m'oublier ! Si je parlais peu, j'observais. J'attendais surtout un signe d'amour de la part d'une mère très investie professionnellement et d'un père bien trop absent. J'ai grandi sans faire de bruit, petit garçon modèle, enfant sage, trop sage sans doute.

L'astrologie est entrée dans ma vie à l'âge de 15 ans. Une entrée fracassante qui a bouleversé mes certitudes, ma manière de voir le monde ! Je dois à mon père cette fascination, lui que je côtoyais peu et dont je peinais à attirer l'attention. Industriel, il était toujours par monts et par vaux, parfois même à l'autre bout du monde. Et moi, je ne désirais qu'une chose : capter son regard et, pourquoi pas, partager avec lui une passion. Curieusement, cet homme si pragmatique, si cartésien, avait une marotte : il consultait des ouvrages sur l'astrologie, s'amusait à calculer les thèmes astraux de ses proches et de ses amis. À ma naissance, il avait même demandé à André Barbault, la référence en la matière, une sommité, de réaliser mon thème astral. Il me parlait peu de ce drôle de hobby, mais je le regardais parfois, captivé par je ne sais quelle publication, comme absorbé par un univers inconnu dont je n'avais pas les clés.

Jusqu'à ce jour où, lors d'une de nos conversations, je lui confiai être amoureux d'une jeune fille de mon âge. « Avant tout, me dit-il, donne-moi sa date de naissance. » Aussitôt dit, aussitôt fait : il ouvrit son éphéméride et, en quelques instants, me décrivit son caractère, sa personnalité. J'étais soufflé ! Tout ce qu'il racontait sur cette petite fiancée était si juste, si précis ; un tour de magie ! Si l'astrologie n'était pour lui qu'un violon d'Ingres, s'il ne se considérait pas un instant comme un professionnel, son analyse était tout simplement bluffante. J'ai soudain découvert un père insolite, loin de celui que je croyais connaître. Il se mit à décrypter pour moi les planètes, m'expliqua pourquoi la Lune et le Soleil sont des repères pour mieux se comprendre et vivre en harmonie avec les autres. Je n'oublierai jamais cette conversation, cette initiation, qui m'a fait l'effet d'une révélation.

À mon tour de dévorer tout ce que je peux trouver sur l'astrologie. La bibliothèque de mon père est à ma portée, regorgeant d'ouvrages sur ce thème : du livre le plus simple au plus ardu, j'avale tout. J'ai trouvé une raison de vivre qui tourne presque à l'obsession. Une passion... envahissante. Peu à peu, je comprends que cette science va m'aider à aborder différemment ma vie personnelle et mes relations aux autres.

Je suis du signe de la Vierge, autant dire que je me pose beaucoup de questions. Mais comme tout bon natif de la Vierge, je suis aussi un inquiet. À cette époque, l'assurance, l'audace, la maîtrise ne sont pas mes qualités principales. En me penchant sur mon propre thème, je commence à délier des nœuds, à comprendre tant de choses sur moi-même...

Dès ce jour, je n'ai plus jamais arrêté d'apprendre, et réalise qu'on a tous peur de ce qu'on ne connaît pas : mon enfer à l'époque, « c'est les autres », dixit Sartre ! Le but du jeu est seulement d'éteindre cette peur par la connaissance, aussi abstraite soit-elle. Peu à peu, je me mets à réaliser des thèmes astraux tout le temps à tout le monde : ma famille, mes amis ne peuvent plus passer outre. Je découvre l'intelligence des Gémeaux, le charme de la Balance, la douceur du Cancer, la force du Bélier... J'analyse, je compare et commence à maîtriser les ficelles de la discipline. D'adolescent discret, parfois même transparent, je deviens centre d'intérêt ! Je parle, disserte, on ne peut plus m'arrêter. Surtout lorsque je me confronte à la curiosité de mes petits camarades. Les récalcitrants me stimulent, les filles, qui me snobaient, semblent soudain intéressées par ce jeune homme qui leur donne des conseils : « Pierre est Lion ? Flatte-le, il aime beaucoup ça. » « Jean est Verseau ? Glisse-lui que liberté et amitié amoureuse sont importantes pour toi. » Bref, je comprends vite que plus on s'intéresse à l'autre, plus l'autre s'intéresse à soi... Soudain, je réalise que j'ai trouvé ma voie. Autre avantage, et pas des moindres : j'aime me sentir utile. Je n'ai jamais trouvé meilleure recette pour être en accord avec moi-même.

Pour faire simple, aujourd'hui encore j'ai besoin de connaître la date de naissance de mon interlocuteur. Si je l'ignore, je ne suis pas à l'aise, tout simplement parce que je n'ai pas de repères. Déformation professionnelle ! Ce type-là, que je n'ai jamais rencontré, dont je ne sais ni le jour ni le mois de naissance, ne va-t-il pas me croquer ? Est-il fiable, puis-je lui faire confiance ? Il me faut repérer grâce à ces quelques dates comment fonctionne la personne qui me fait face. Plus j'en sais, plus j'arrive à me synchroniser avec elle pour faire en sorte que la relation se passe bien. Je veux d'abord éviter toute anicroche. Car, qu'on se le dise, je n'ai aucune envie de me quereller avec quiconque. Je fonctionne ainsi : la relation doit être fluide et je suis très mal à l'aise lorsque je sens une situation s'enflammer !

À l'âge de 22 ans, j'intègre des radios libres et réalise de nombreux horoscopes. Quand je décide de faire une pause : deux petits garçons viennent au monde et je souhaite être présent pour eux, devenant même « père au foyer » durant une dizaine d'années. Quand je reprends du service, c'est pour rejoindre les magazines *Elle* et *Télé 7 jours*. Puis, il y a trois ans, un vieil ami vient me rendre visite et me propose de monter une chaîne YouTube sur l'astrologie. Je le regarde, éberlué : je sais à peine de quoi il retourne. Pour s'amuser, il me propose de réaliser une vidéo avec son portable. Nous la mettons en ligne, pour rire, pour voir, pour passer le temps, sans grand espoir de succès. Pourtant, à notre grande surprise, nous obtenons des milliers de vues. Le grand public s'intéresse donc à ce point à l'astrologie ? Nous décidons de ne pas nous arrêter là : horoscopes hebdomadaires, pleines lunes, horoscopes annuels, nous avons beaucoup d'idées et l'audience monte, monte... Aujourd'hui, ma chaîne compte plus de 230 000 abonnés.

L'astrologie n'est pas une partie de ma vie, c'est *toute* ma vie. En trente ans, j'ai dû faire plus de 20 000 thèmes astraux et ne me suis toujours pas lassé. J'ai même parfois l'impression d'être programmé pour ça ! Étant né avec Vénus dans le signe de la Balance, la vie affective est à mes yeux le sujet le plus important. C'est d'ailleurs la raison pour laquelle j'ai voulu réaliser cet ouvrage sur le thème de l'amour...

Vertiges de l'amour

La recherche du meilleur partenaire à aimer représente la plus grande partie des demandes qui me sont faites en consultations, et en bonne Vierge consciencieuse, je me suis toujours efforcé de travailler sur le sujet. Comment trouver le bon, la perle rare, la belle personne, le bon conjoint, l'âme sœur à côté de laquelle la vie est un long fleuve tranquille mais jamais ennuyeuse, qui tiendra la route sans crainte qu'il vous laisse un jour au bord du chemin ? Comment éviter l'irresponsable, le tyran, l'égocentrique, qui vous confondra (ou vous partagera) avec sa mère – en un mot, le partenaire qui n'est pas fait pour vous et vous fera souffrir ?

D'autres questions surgissent encore dans la quête amoureuse : quelle est la part de l'inné et de l'acquis dans notre capacité à aimer ? Disposons-nous des bons repères, des bonnes cartes pour nous guider ? Sommes-nous lucides, objectifs, investis ? Estimons-nous mériter cet amour, sommes-nous aptes à l'accepter lorsqu'il se présente ? Nous posons-nous les bonnes questions ? Savons-nous ce que nous cherchons, ce qui nous convient vraiment ? Toutes ces questions et tant d'autres nous trottent souvent dans la tête et nous y trouvons bien rarement des réponses satisfaisantes. Et évidemment, il n'existe pas d'école pour apprendre à aimer, ni manuels scolaires, ni cours du soir...

C'est bien dommage ! Car n'est-ce pas pourtant la base de notre équilibre de vie ?

L'astrologie nous offre une grille de lecture étonnante sur l'être humain pour comprendre un peu mieux les rouages d'une relation amoureuse. Ce merveilleux outil est capable de poser des petites lumières pour éclairer notre esprit tout au long de notre chemin de vie... Alors, il serait dommage de s'en priver.

Imaginez que vous soyez capable de repérer, avec un peu d'entraînement, que la personne que vous venez de rencontrer est, en dépit des apparences, caractérielle, manipulatrice, jalouse, égoïste, fainéante, alcoolique, joueuse ou infidèle. Imaginez que vous ayez la faculté d'y voir clair avant de vous lancer dans l'aventure...

Certes, l'astrologie indique des pistes, mais elles sont subtiles, car il y a de nombreuses variables : la carte astrologique de naissance bien sûr, mais aussi l'éducation, l'environnement, la culture, etc., qui interviennent pour former un tout. Rassurez-vous, tous les Bélier ne sont pas égoïstes, les Taureau, dépensiers, les Gémeaux, coureurs de jupons, les Cancer, capricieux, les Lion, égocentriques, les Vierge, pinailleuses, les Balance, mollassonnes, les Scorpion, obsédés, les Sagittaire, colériques, les Capricorne, dépressifs, les Verseau, insaisissables, et les Poissons, rêveurs... Car il y a aussi les Bélier courageux, les Taureau affectueux, les Gémeaux brillants, les Cancer rassurants, les Lion rayonnants, les Vierge attentionnées, les Balance envoûtantes, les Scorpion passionnés, les Sagittaire généreux, les Capricorne endurants, les Verseau stimulants et les Poissons bienveillants !

Mon vœu à travers les pages de ce livre est de vous donner les clés, vous indiquer les bonnes cartes pour savoir comment agir et avancer sur le chemin de l'amour. C'est à la fois plus facile et plus fin qu'il n'y paraît. L'être humain est si simple et si complexe à la fois : nous avons tous besoin de quelques outils pour décoder notre façon d'aimer.

S O M M A I R E

I.

Les bases de l'astrologie

L'astrologie, c'est une multitude d'éléments qui se confrontent et qui, au premier abord, pourraient vous paraître complexes. Il n'en est rien. Il suffit de les connaître et de comprendre en quoi ils vous seront utiles. Les saisons, les planètes, les Lunes, le Soleil, les quatre éléments (feu, terre, air et eau), l'ascendant sont des moyens indispensables et efficaces pour vous éclairer sur votre propre personnalité et identifier celui ou celle qui devrait le mieux vous correspondre.

L'astrologie et le temps

Le mouvement des planètes nous a permis de calculer le temps : le temps d'une journée, d'une saison, d'une année, d'une moisson, d'une grossesse. Ce cycle est entré dans tout notre système de vie : calculer le temps est donc le premier réflexe chez ceux qui ont étudié les astres. Pour nous repérer dans l'espace, les Grecs ont segmenté le ciel en douze parties, s'appuyant sur des constellations bien au-delà de notre Système solaire. Pour chacune d'elles, ils ont dessiné une symbolique : c'est ce que l'on nomme aujourd'hui un « signe du zodiaque ». L'étape suivante a été d'observer l'influence de ces planètes sur notre tempérament et sur les orientations de notre existence. Car les Anciens avaient rapidement fait un lien entre l'époque à laquelle un enfant venait au monde et son caractère. Par exemple, un enfant né au printemps aura plus d'énergie mais moins d'endurance qu'un enfant né en hiver.

Prévoir l'avenir ?

L'enjeu caché de l'astrologie est donc : qu'est-ce qui m'attend demain ? Cette discipline s'est révélée un outil terriblement captivant puisque, grâce à la position des astres, nous obtenons des informations brutes offrant des indicateurs formidables sur les comportements de chacun. Ceux-ci permettent alors d'anticiper sur l'échelle d'une vie quelles sont les données qui vont être dominantes et celles qui vont émerger. Après cela, dater précisément les choses, c'est de l'épiphénomène...

Par ailleurs, quel est le plus vieux rêve de l'Homme ? L'immortalité ! Et quelle solution avons-nous pour y parvenir ? Faire des enfants ! Considérant cela, le but est de trouver le meilleur partenaire. Mais sur quoi doit-on s'appuyer pour faire le bon choix ? Pour assurer la pérennité de notre espèce, nos réflexes archaïques de mammifère nous font aspirer naturellement au meilleur partenaire, celui qui nous apportera les meilleurs gènes, mais aussi celui avec lequel la compatibilité de caractère sera la plus heureuse. Car de la qualité de l'entente dépend souvent la durée d'une relation.

Mon premier objectif, lorsque j'étudie un thème, est d'essayer d'optimiser la cohésion entre l'image qu'on projette, l'objectif qu'on vise en conscience et la manière dont on ressent les choses. Ce qui implique avant tout une réflexion sur soi pour connaître ses besoins.

Le premier ressort de l'astrologie, c'est Socrate qui en parle le mieux : « Connais-toi toi-même. » C'est même la base : pour connaître les autres, connais-toi toi-même ; pour aimer les autres, aime-toi toi-même. C'est la pierre angulaire, le « grand virage », Socrate étant en effet le premier philosophe à s'être intéressé à l'être humain. Avant lui, on ne parlait que nature, plantes, etc. Il a structuré une nouvelle manière de voir le monde à partir de l'Homme.

Comment ça marche ?

Le principe de l'astrologie repose donc sur un concept simple : créer une cohérence entre nos *besoins* et nos *moyens*. Nos besoins sont l'image que nous projetons socialement – c'est ce qu'on appelle « l'**ascendant** » –, nos objectifs – c'est le **Soleil** – et nos ressentis fondamentaux – c'est la **Lune**. Et nos moyens sont **Mercure**, notre capacité à communiquer, négocier, nous adapter ; **Vénus**, notre disposition pour aimer, vibrer et prendre plaisir aux bonnes choses de la vie ; enfin, **Mars**, notre énergie intérieure, notre capacité à se retrousser les manches, le courage dont on a parfois besoin pour affronter les épreuves et les obstacles.

Je vais donc essayer de faire émerger la qualité des outils dont nous disposons pour tirer le meilleur parti de nos talents : c'est là qu'interviennent **Mercure**, **Vénus** et **Mars**.

Puis je m'efforce de définir avec **Jupiter** nos capacités à créer des circonstances que l'on appelle « la chance ». Qu'est-ce que la chance ? Notre disposition à voir le bon côté des choses, à prendre de l'expansion dans nos projets et à nous faire confiance.

Nous regardons ensuite **Saturne**, qui nous renseigne sur nos facultés à raisonner sur le long terme et à tirer des leçons de notre vécu pour ne pas reproduire les mêmes erreurs. Son rôle étant de nous permettre de nous bonifier avec le temps comme le bon vin.

Uranus entre alors en scène, elle qui incarne à la fois notre créativité, notre besoin de liberté et notre disposition à nous singulariser du collectif via la construction d'une personnalité qui nous est propre.

Nous scrutons également **Neptune**, que Carl Gustav Jung reliait à l'inconscient collectif, pour nous aider à prendre conscience et potentiellement faire corps avec le milieu ambiant.

Enfin, nous regardons **Pluton**, seigneur des ténèbres et maître de nos plus grandes peurs ; c'est lui qui incarne le mieux les réflexes profonds de notre instinct de survie.

Pour avoir une vision globale, il est nécessaire de prendre en compte l'ensemble des planètes du Système solaire, chacune jouant un rôle qui lui est propre comme des musiciens dont le Soleil serait le chef d'orchestre.

Soleil

Il représente à lui tout seul 98 % de l'espace planétaire du Système solaire. Il est le centre, la lumière, il incarne nos buts dans la vie, notre rayonnement extérieur.

Lune

Ce satellite de la Terre reflète notre partie intime, c'est-à-dire le monde de nos émotions. Son influence débute dès notre enfance et se traduit par notre sensibilité et notre vie au quotidien.

Mercure

Symbolisant le messager des dieux, Mercure nous renseigne sur notre aptitude à communiquer, échanger et nous adapter. Pour certains, elle exerce une incidence directe sur leur type d'intelligence.

Vénus

La planète du nom de la déesse de l'Amour joue un rôle essentiel dans la qualité de notre vie amoureuse. Lorsqu'elle est épanouie, les sentiments s'expriment et se vivent naturellement et sans entrave. Vénus nous renseigne également sur notre capacité à savoir profiter des bonnes choses de la vie.

Mars

La planète de l'action nous informe sur notre volonté, notre énergie et la détermination avec laquelle nous faisons face aux épreuves. Elle apporte courage et capacité à retrousser ses manches lorsque c'est nécessaire.

Jupiter

Appelée également « le dieu des Dieux » ou « maître de l'Olympe », cette planète nous renseigne sur notre aptitude à saisir la chance. C'est-à-dire ? Notre disposition à voir le bon côté des choses et à avoir confiance en nos projets.

Saturne

Le rôle de Saturne à la fois consiste à estimer le temps nécessaire pour réaliser ses ambitions, mais également nous renseigne sur notre capacité à grandir, à évoluer et à tirer des leçons de l'expérience.

Uranus

C'est la planète de la créativité et de l'originalité, elle nous invite à sortir des sentiers battus et nous renseigne sur notre capacité à nous singulariser.
Son maître mot est « liberté ».

Neptune

La planète de l'inconscient collectif a pour fonction de nous ouvrir, de nous sensibiliser face au monde extérieur.
C'est la partie intuitive qui complète parfaitement les mécanismes lunaires pour faire confiance à nos intuitions et nos ressentis.

Pluton

On l'appelle « le maître des Enfers ». Cette planète incarne le monde souterrain et reflète notre instinct de survie, les pulsions archaïques de notre cerveau reptilien.
Elle cristallise souvent nos points d'inquiétude.

Le rôle du Soleil et des saisons

Le précieux travail des Anciens nous a permis d'observer des influences directes sur le caractère de chacun en fonction de la position du Soleil au moment de notre naissance, mais aussi selon la période de l'année où nous apparaissons sur cette Terre.

À quelle heure êtes-vous né ?

Les astrologues ont observé qu'un enfant né au soleil levant (ce que l'on appelle « l'ascendant ») avait davantage tendance à être autonome, à rechercher l'indépendance, à être moteur, tête de cordée ; à prendre, donc, l'ascendant sur les autres.

On a ensuite constaté qu'un enfant né sur le couchant, le « descendant », composait davantage avec les autres, était à la recherche d'association, d'union, de rapprochement, d'équipe, qu'il était moins créateur d'initiative.

Un enfant qui naît au midi, le Soleil étant au maximum de sa puissance, sera celui qui recherchera la lumière. Il est le chef, a besoin de prendre le leadership. C'est un profil plus ambitieux que les autres sur le plan social. Par exemple, Louis XIV et Napoléon Ier sont nés au midi !

Quant aux enfants nés à minuit, ils mettront toute leur énergie dans le foyer, la fratrie, ce seront des protecteurs. Ils ne chercheront ni à briller ni à dominer à l'extérieur du foyer.

Les signes limitrophes

Il existe une chance sur quinze de naître entre deux signes. Or, la question revient sans cesse : suis-je plutôt de tel signe ou de tel autre ? La date du premier jour du printemps n'est pas fixe : elle peut être le 21 mars et, certaines années, le 20 mars. La raison en est simple : notre calendrier est construit sur 365 jours *un quart*. Tous les quatre ans, on retrouve le point d'origine, le Soleil revenant à son point initial tous les trente-trois ans. Si vous êtes né le 21 mars, selon tel ou tel horoscope, vous serez soit Poissons, soit Bélier. Il faut alors calculer sur mesure la position précise de votre Soleil.

Il n'y a pas de frontière dans l'espace : l'astrologie fonctionne sur le rythme des saisons. Quand on naît à l'entrée d'un signe, on est encore imprégné du signe précédent. Quand on naît à la fin d'un signe, c'est la même chose. Vous serez alors 51 % de l'un et 49 % de l'autre. Cette configuration fonctionne avec le Soleil, mais aussi avec l'ascendant et toutes les autres planètes.

En conclusion, si vous êtes né le 21 mars, mieux vaut regarder sur l'horoscope le 3e décan Poissons et le 1er décan Bélier. Il ne vous reste plus qu'à faire un mélange des deux... et ne retenir que les bonnes choses !

La dualité Soleil / Lune

C'est la base. Depuis plusieurs millions d'années, nous sommes construits sur un principe binaire :

- Une partie consciente (le Soleil) : nous sortions de la grotte dès qu'il y avait un rayon de lumière pour aller chercher de quoi manger. Nous étions alors des chasseurs, des pêcheurs ou des cueilleurs. Ces objectifs solaires, conscients, englobent notre façon de fonctionner hors de la maison. C'est notre terrain de réalisation sociale.
- Une partie inconsciente (la Lune) : le soir, après avoir crapahuté, il faut nous reposer. Nous avons même besoin d'une mer d'huile, de calme. Lorsque brille la Lune,

nous entrons dans l'univers intime. Après avoir songé à la pérennité de l'espèce, nous pouvons enfin dormir, recharger les batteries, rêver.

Pour l'anecdote, ayant à titre personnel réalisé une analyse et ayant écrit un ouvrage avec un ami psychiatre sur les liens entre l'astrologie et la psychiatrie, j'ai développé une singularité dans la manière dont j'interprète les caractères. J'ai associé cette dualité Soleil/Lune à deux types de comportements :

- Archaïquement, sortir de la cahute s'apparente à un comportement psychotique : nous avons un objectif, les êtres humains sont des mammifères de la catégorie des prédateurs. On les reconnaît à la disposition des yeux, ils regardent dans la même direction pour leur permettre d'identifier la distance qui les sépare de leur proie. Freud a appelé cela le « moi », qui correspond au Soleil.
- Puis vient le comportement névrotique, lorsqu'on entre à l'intérieur de la maison, la partie intime. C'est le « ça » freudien, qui correspond à la Lune.

Plus récemment dans notre histoire, à partir du moment où nous nous sommes sédentarisés, où nous avons vécu en collectivité, tout a changé. Confrontés les uns aux autres en permanence, nous avons fait exploser les naissances, et nous avons donc dû mettre en place des règles en collectivité. C'est là qu'apparaît le « surmoi » de Freud, l'éducation, le « dis bonjour à la dame ». En astrologie, nous appelons cela « l'ascendant ». C'est le ciment social, la base de notre civilisation.

Plutôt psychotiques ou plutôt névrotiques ?

Nous sommes tous un peu psychotiques, un peu névrotiques, et c'est tant mieux. C'est ainsi que nous assurons la pérennité de l'espèce. Il existe des doubles névrotiques :

doux comme un agneau dehors, charmant dedans. Pour les femmes carriéristes, c'est un idéal ! Il s'occupera de tout ! Peu contrariant, il sera souvent un nounours à la maison et prendra soin de son foyer.

Les doubles psychotiques – guerrier dehors, guerrier dedans – sont, vous l'avez compris, impossibles à vivre. Ils ne sont que dans le rapport de force et finiront seuls et sûrement paranoïaques !

Pour une femme, l'enjeu numéro un est de trouver un homme combatif dehors et arrangeant à la maison. C'est le rêve ultime ! Or, les femmes sont elles aussi devenues combatives. Il faut donc faire équipe, trouver un homme qu'on aime mais qui soit aussi son meilleur allié et, idéalement, son meilleur ami. On comprend à présent pourquoi les femmes de plus de 40 ans, chargées d'expérience, recherchent un amant-ami.

Pour un homme, les besoins sont sensiblement les mêmes : à savoir une femme combative à l'extérieur et disposée à entretenir une ambiance harmonieuse à la maison. Mais la différence se situe au niveau de la libido. Soyons pragmatiques, une femme ayant un cycle de reproduction plus court, sa libido peut s'estomper avec les années. À l'inverse, un homme, ayant la capacité de se reproduire plus tardivement, entretient des besoins physiques plus importants et sur une plus longue durée. Ceci explique en partie le décalage qu'il existe entre eux, et pourquoi les hommes d'un certain âge recherchent des femmes plus jeunes.

Les saisons

Printemps, été, automne et hiver, à chaque saison sa particularité sur notre caractère.

Printemps *vs* hiver

Statistiquement, on a remarqué qu'un enfant né au printemps a plus de force, de volonté, de densité, d'énergie qu'un enfant né en hiver. Mais paradoxalement, un enfant né en hiver a plus de résistance physique et psychologique. Le printemps, c'est la poussée de vie. L'enfant né en hiver a sans doute moins de volonté, mais est beaucoup plus endurant. N'oublions pas qu'en hiver la nature doit s'économiser !

Les profils nés en janvier et février, quand le ciel est plus froid, que les arbres sont à nu, tentent de survivre en économisant la sève.

Nous aurons donc d'un côté les sprinters du printemps, de l'autre, les marathoniens de l'hiver...

Été *vs* automne

L'été, c'est le rayonnement de la vie, là où se trouve le plus d'ego : le Cancer avec ses humeurs, mais toujours maternel et affectif. Le Lion, le seul maître à bord, l'incarnation de l'autorité. La Vierge, qui a une haute idée d'elle-même – c'est, ne l'oublions pas, le signe de Louis XIV !

En automne, les saisons s'équilibrent, c'est l'époque du lâcher-prise, de la transformation, de la transition. Avec la Balance, c'est l'équilibre des saisons. Avec le Scorpion, c'est la mort pour faire renaître la vie nouvelle. Avec le Sagittaire, c'est l'espérance de la vie en gestation (reflétant ainsi l'optimisme qui lui va si bien).

Les douze Lunes

Nous connaissons tous notre signe solaire, celui de notre horoscope. Si le Soleil représente notre vie sociale extérieure, la Lune sera son complément, reflétant la richesse de notre monde intérieur.

La Lune fait son tour en 28 jours, elle va donc, durant ces 28 jours, traverser douze parties du ciel, les douze signes que nous connaissons tous. Elle est associée à notre sensibilité, notre histoire, nos racines, notre enfance, notre instinct ; en somme, à la manière dont nous nous comportons au quotidien.

Les plus belles rencontres que nous puissions faire dans notre vie ont lieu quand nous croisons quelqu'un ayant son Soleil sur notre Lune ou sa Lune sur notre Soleil. Une Lune en Bélier sera irrémédiablement attirée par un Soleil en Bélier, un Soleil en Taureau, par une Lune en Taureau et ainsi de suite ; et cela fonctionne dans les deux sens. L'attirance sera alors à son maximum d'intensité. On appelle cela les « flammes jumelles », les « âmes sœurs ».

Il est toujours intéressant de connaître les caractéristiques de chacune des Lunes pour mieux comprendre leurs conséquences dans une vie de couple. (À la fin de ce chapitre, vous pourrez calculer votre Lune et celle de votre partenaire.)

Lune en Bélier

C'est la plus intuitive qui soit. Elle génère des tempéraments plutôt moteurs, mais généralement impatients. Elle est attirée par des profils dominants (Lion, Bélier, Sagittaire) et aime être en concurrence avec les autres. Elle a la gagne ! Dans un couple, la Lune en Bélier n'est pas de tout repos. Avec elle, la vie n'est pas un long fleuve tranquille. Elle ne tient pas en place, ne supporte pas de ne rien faire, mais, heureusement, trouve toujours quelque chose pour s'occuper.

Lune en Taureau

Ce signe convient bien à la Lune grâce à son besoin d'harmonie, son sens tactile, son calme et son côté jouisseur. Dans la vie affective, la Lune en Taureau est une position idéale : elle fera tout pour s'entendre avec son partenaire, n'aime pas les polémiques et préfère ses habitudes, mais elle doit tout de même être rassurée sur le plan affectif et matériel. Elle a ce fond paisible et affectueux qui rassure. Mais attention, elle peut être possessive.

Lune en Gémeaux

Elle est imprégnée d'un signe d'air dont l'aspect le plus important est la mobilité. C'est un clown qui ne tient pas en place, doit s'oxygéner en permanence, adore communiquer. Elle a une capacité d'adaptation énorme. Comme tout bon caméléon, elle fait en sorte de s'adapter aux contraintes du quotidien et peut même changer son comportement pour plaire à l'autre. Mais si, malgré ses efforts, le quotidien ne lui correspond plus, elle préférera fuir. La Lune en Gémeaux a parfois besoin de deux, trois unions, afin d'appréhender ce qui lui convient le mieux. Dans le couple, ce qui est certain, c'est qu'on ne s'ennuie pas !

Lune en Cancer

C'est la plus belle de toutes ! Pourquoi ? Parce qu'elle est un concentré d'émotions et de sensibilité. Elle est la maison, le foyer, la maternité. Elle donne des parents féconds et affectueux, une disposition naturelle à s'occuper tendrement de sa progéniture, cette dernière est même le centre de leur monde. Un risque existe pourtant : il est dangereux pour un couple de n'être que des parents. La relation peut en souffrir. Autre danger : le syndrome du « nid vide ». Les enfants, devenus adultes, volent de leurs propres ailes, et la Lune en Cancer aura bien du mal à les laisser partir. Il faut, pour la seconde partie de sa vie, trouver autre chose, une autre passion. Et attendre l'arrivée des petits-enfants !

Lune en Lion

La Lune, c'est l'instinct, le Lion, c'est le besoin de briller. Ces deux éléments ensemble engendrent une autorité naturelle, une envie d'être mis en lumière et un fort besoin de reconnaissance. Elle adore présenter aux autres un foyer flamboyant et luxueux, mais attention aux comptes communs : la Lune en Lion est dépensière. On retrouve fréquemment des Lunes en Lion qui aiment monter sur les planches, et plus globalement « faire du cinéma »... Gardons à l'esprit qu'elle fait preuve d'une formidable chaleur et générosité.

Lune en Vierge

Cette reine de l'organisation a tendance à s'inquiéter. Son perfectionnisme peut être pénible : en effet, elle aura tendance à être sur le dos des autres, non pas pour les contrarier, mais pensant agir pour leur bien. Dans son couple, elle a besoin d'être mise en confiance et de communiquer. Elle sera plus souvent attirée par des partenaires raisonnables et à l'esprit pratique. Un conseil : ne laissez pas traîner vos affaires, elle aura vite fait de vous rappeler à l'ordre !

Lune en Balance

Le compagnon exquis par excellence. Au quotidien, la notion d'unité est prépondérante ; elle aime voir l'autre heureux et faire en sorte que tout se passe bien. Mais elle a deux faiblesses : une tendance à s'oublier elle-même et la peur de la solitude. En effet, deux planètes gouvernent ce signe : Vénus (l'amour) et Saturne (la mélancolie). Si elle se sent seule, elle peut se retrouver dans une spirale de tristesse. Il lui faut un environnement paisible et entretenir des rapports humains authentiques. Elle a besoin de se sentir parfaitement synchronisée avec ses interlocuteurs.

Lune en Scorpion

Elle incarne à elle seule la difficulté du lâcher-prise. Elle est très lucide, presque trop, sent avant tout le monde les ennuis, les difficultés de la vie, les tensions, les problèmes potentiels. La Lune en Scorpion ressent comme une nécessité de vivre des passions affectives et s'y engouffre. Ce besoin irrépressible peut être envahissant pour l'autre, voire destructeur. Depuis la nuit des temps, c'est elle qui garde l'entrée de la grotte contre l'intrusion des prédateurs, de jour comme de nuit, ce qui explique parfois ses problèmes de sommeil.

Lune en Sagittaire

Elle n'est jamais aussi amoureuse et heureuse qu'en étant dépaysée. Elle aime faire ses valises, partir loin, se sentir libre ou, pourquoi pas, faire sa vie avec un partenaire d'une culture différente. Elle se nourrit de cette vie faite d'optimisme, d'espérance, de mobilité nourrissante. Pour elle, l'inconnu sera toujours plus intéressant que le quotidien. Mais son côté parfois colérique et impatient peut générer des tensions, son besoin de mouvement permanent peut aussi priver le couple d'un bonheur serein. À moins qu'elle ne développe un violon d'Ingres qui lui permettra de se sentir libre au quotidien et de nourrir son besoin de bouger.

Lune en Capricorne

La Lune laisse apparaître dans ce signe d'hiver une sensibilité extrêmement fine qui induit à se protéger. Dès l'enfance, la Lune en Capricorne est plus mature que les autres, elle a déjà une grande conscience des enjeux de la vie et de ses contraintes. Elle met alors de côté le plaisir pour mieux accomplir son devoir de responsabilité et de rigueur. Cette hypersensibilité, ce désir d'être irréprochable sont des handicaps pour la vie affective, car ils se traduisent par une grande froideur perçue, une manière de garder le contrôle et de ne pas se laisser aller. La Lune en Capricorne ne s'abandonnera jamais totalement dans une relation. Ses valeurs affectives, sa sensualité seront réduites à leur plus simple expression, ce dont elle est la première à souffrir.

Lune en Verseau

C'est l'une des Lunes les plus complexes. C'est un signe d'air avec un grand besoin de contacts, d'échanges, de projets et de liberté. Mais elle est également gouvernée par Saturne (la rigueur) et par Uranus (l'autonomie, la créativité, la nouveauté). La Lune en Verseau refuse catégoriquement de se laisser enfermer. Mais, par son côté saturnien, elle se pliera, dans un premier temps, à cette privation de liberté. Dans un second temps, Uranus lui fera ouvrir les portes de la cage tant son besoin d'autonomie est grand. C'est typiquement l'exemple de cet homme marié depuis des années qui part chercher une boîte d'allumettes et revient dix ans plus tard. Il faut prendre soin avec une Lune en Verseau de lui laisser une fenêtre ouverte, une soupape de sécurité, pour qu'elle ne se sente pas enfermée.

Lune en Poissons

Le mariage entre la Lune (l'intérieur, le ressenti, l'émotion) et l'eau des Poissons fait des merveilles en matière de sensibilité et de réceptivité. Mais la Lune en Poissons, reine de l'altruisme, s'entoure trop souvent d'individus à problèmes. Sa générosité légendaire peut provoquer des remous au sein du couple, tant son partenaire a du mal à trouver sa place. Mais si elle réussit à se protéger des autres, c'est un concentré d'amour et de gentillesse. Un seul bémol, son côté désordonné ou, en tout cas, sa façon très personnelle d'organiser sa maison. En revanche, quel modèle de douceur et d'écoute au quotidien !

Calculez votre signe lunaire

Le signe lunaire dévoile le côté intime, sensible, amoureux de votre personnalité. La Lune change de signe tous les deux jours et demi. Les indications ci-dessous comportent donc une marge d'erreur d'environ 5 %, correspondants aux jours où la Lune a changé de signe.

1.

Notez d'abord le jour de votre naissance.
Si vous êtes né le 22 octobre, notez 22.

2.

Repérez ci-dessous le chiffre correspondant
à votre mois de naissance :

Janvier : 0	Mai : 11	Septembre : 24
Février : 3	Juin : 14	Octobre : 27
Mars : 4	Juillet : 17	Novembre : 3
Avril : 8	Août : 21	Décembre : 6

3.

Notez ensuite le chiffre correspondant à votre année
de naissance en vous rapportant au tableau ci-dessous :

0 : 1947, 2012
1 : 1920, 1928, 1966, 1985
2 : 1939, 1958, 2004
3 : 1931, 1977, 1996
4 : 1950, 1969, 2007
5 : 1923, 1942, 1988, 1999
6 : 1961, 1980
7 : 1934, 1953, 1991, 2010
8 : 1926, 1972, 1983, 2002
9 : 1945, 1964, 1994
10 : 1937, 1975, 2013
11 : 1956, 1967, 1986
12 : 1929, 1948, 1959, 1978, 2005
13 : 1921, 1940, 1951, 1970, 1997

14 : 1924, 1932, 1943, 1989, 2008
15 : 1962
16 : 1935, 1981, 2000
17 : 1927, 1954, 1973, 2001
18 : 1946, 1984, 1992
19 : 1965, 2003
20 : 1938, 1957, 1995
21 : 1930, 1976, 1987
22 : 1949, 1968, 1998, 2006
23 : 1922, 1941, 1960
24 : 1971, 1979, 1990
25 : 1933, 1952, 1963, 1982, 2009
26 : 1925, 1944, 1955, 1974
27 : 1936, 1993

4.

Additionnez les trois chiffres précédents (si vous êtes né le 22 octobre 1967 par exemple : 22 + 27 + 11 = 60).

Si vous avez obtenu un chiffre entre 0 et 28, reportez-vous directement au tableau ci-dessous.

S'il est situé entre 29 et 54, retranchez 27.

S'il est situé entre 55 et 81, retranchez 55.

S'il est supérieur à 81, retranchez 82.

Si vous avez obtenu 60, il faut retrancher 55. Vous obtenez 5. Votre Lune est donc Gémeaux.

Voici votre

signe lunaire

Bélier : 0, 1, 27, 28

Taureau : 2, 3, 4

Gémeaux : 5, 6

Cancer : 7, 8

Lion : 9, 10

Vierge : 11, 12, 13

Balance : 14, 15

Scorpion : 16, 17

Sagittaire : 18, 19

Capricorne : 20, 21, 22

Verseau : 23, 24

Poissons : 25, 26

Les quatre *éléments* :

feu

terre

air

eau

Le cycle du zodiaque est calé sur le rythme des saisons. Comme vous le savez, une année est fragmentée en quatre saisons. Chacune d'elles dure trois mois ; un signe différent est attribué chaque mois, nous avons donc trois signes par saison. À partir de là interviennent des éléments qui se succèdent : feu, terre, air et eau. Chaque élément possède une prédisposition particulière.

Les signes de feu

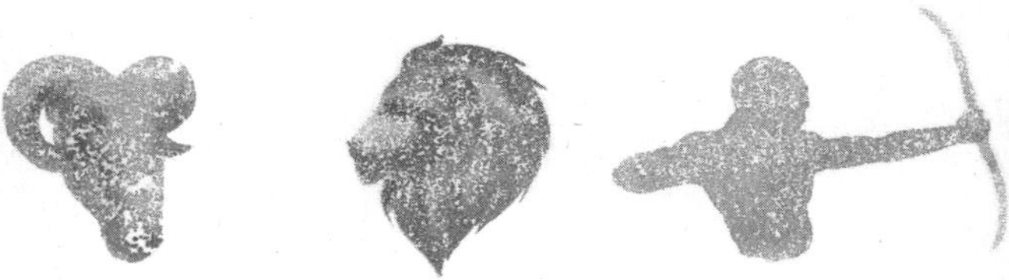

Ils ont besoin de prendre de l'extension, d'occuper l'espace, de consommer, de briller, de brûler, d'avancer, de démarrer ; ils possèdent une force de vie dense qui s'extériorise au maximum.

Le Bélier, c'est le feu du printemps, l'élan vital, la nouvelle vie. Il fonce bille en tête, est toujours générateur d'initiatives. Avec le Bélier, la question n'est pas : « Va-t-on se quereller ? » mais plutôt : « Quand va-t-on donc se quereller ? » Par contre, on peut toujours se reposer sur lui pour prendre les initiatives.

Le Lion, c'est le feu de l'été : le centre de tout, là où le Soleil est à son zénith, où il prend le maximum de lumière. C'est Napoléon Ier ! En bref, c'est le centre du monde, l'univers tourne autour de lui. Sa chaleur et son autorité instinctive le désignent naturellement comme un chef.

Le Sagittaire, c'est le feu d'hiver, l'époque où la vie renaît sous la neige. La promesse d'un nouveau départ, l'optimisme de la découverte, l'aventure en gestation. Le Sagittaire, c'est donc une renaissance qui s'annonce, qui ne demande qu'à réapparaître mais n'émergera qu'au printemps. Sa capacité à voir la vie du bon côté lui permet de remonter le moral de tous ceux qui en ont besoin.

Les signes de terre

Ils sont comme saint Thomas : ils ne croient que ce qu'ils voient. Ils ont du bon sens et l'esprit pratique et ont besoin de concrétiser leurs objectifs.

Le Taureau, c'est le cœur du printemps, la poussée de la nature du mois de mai, la flambée des couleurs, les sons, les goûts, les odeurs, les fleurs, toute cette nature au maximum de sa densité, tous ces sens extrêmement développés. Avec son tempérament objectif, pratique, concret, matériellement identifié, il est aussi en harmonie avec ses émotions, son intuition, les plaisirs terrestres.

La Vierge, c'est la période des moissons, elle est gouvernée par le mental, l'intelligence pratique. Elle donne d'excellents organisateurs, comptables, négociants, commerçants. Elle possède le sens de la matière. Mais c'est aussi un écureuil qui n'oublie pas de rapporter les sacs de noisettes pour passer l'hiver ; c'est une prévoyante ! On dit d'ailleurs que si les Gémeaux sont des cigales, la Vierge est une fourmi. Son sens pratique, son souci du détail sont pourtant entachés par son manque de confiance en soi. Elle est souvent inquiète. N'oublions pas que ce dernier signe d'été est en général assez conscient de son intelligence, seul domaine dans lequel la Vierge n'est pas si modeste.

Le Capricorne, c'est une terre austère, la terre de l'hiver. Ses objectifs sont concrets, pratiques, mais gouvernés par Saturne (la mélancolie) ; il va donc concrétiser, mais dans le temps et avec l'endurance d'un marathonien. Il est habitué à ce que ce soit difficile, il est toujours dans l'abnégation. C'est un profil extrêmement fiable sur lequel on peut toujours compter, mais qui peut être sec, dur, ni dans la souplesse ni dans le compromis.

Les signes d'air

Tous les signes d'air ont un point commun : ce sont les champions du contact, de l'échange et de la liberté. Ils comprennent naturellement les choses abstraites et aiment les concepts et les idées.

Le natif des Gémeaux est gouverné par Mercure (l'intelligence et le mental), il a besoin d'apprendre, de faire des expériences. Et il n'a qu'une peur : s'ennuyer. Il a une vue courte, comme tout signe du printemps, il lui faut vivre immédiatement ! Sa force de vie est formidable, mais il n'a pas de projets à long terme. Il vit surtout pour l'instant présent. Son besoin de se renouveler, de faire des rencontres en fait un éternel adolescent. Ce qui est certain, c'est qu'on ne s'ennuie jamais avec lui, mais il faut accepter son côté à la fois caméléon et dispersé.

La Balance est gouvernée par Vénus et Saturne. Le contact est facile, ses qualités, nombreuses : charme, douceur, capacité à faire plaisir à l'autre, rondeur, fluidité. Elle se plie sans difficulté aux désirs de l'autre. Et est même la seule à pouvoir supporter les profils dominants. Mais sa faille est Saturne : la mélancolie. Elle peut être déprimée quand elle est seule. Son objectif premier : trouver l'âme sœur.

Le Verseau, c'est le rebelle ! Gouverné par Uranus, il a un grand besoin de liberté et lâchera prise sur les postes à autorité du jour au lendemain si les obligations sont trop pesantes. C'est un oiseau sur sa branche, qui ne peut s'épanouir que dans une absolue liberté. Le paradoxe est sa capacité à se plier un temps aux contraintes pour mieux fuir quelque temps plus tard. Son maître mot : « l'indépendance ». Créatif, avant-gardiste, il peut être claustrophobe. Le Verseau a besoin d'air !

Les signes d'eau

Ce sont eux les plus sensibles ; leur fonctionnement est dicté par l'affectif. Leur imagination étant fertile, on les croise parfois dans les nuages, car ce sont d'incorrigibles rêveurs.

Le Cancer est le symbole même de la maternité, son attachement à la famille est immense et fondamental. Très intuitif, il a un côté enfantin qui peut dérouter, des réactions affectives souvent disproportionnées. Chez lui, l'émotion gouverne. Son besoin de sécurité matérielle est important. On le dit parfois capricieux et souvent lunatique : la faute à sa sensibilité affleurante qui lui fait prendre les choses très à cœur.

Le Scorpion est sans doute le plus complexe de tous. Intuitif, très sensible, il ne vit qu'à travers ses émotions. Il est gouverné par Pluton (le « maître des Enfers ») et Mars (l'agressivité) : sa vie est une succession de guerres, de querelles et de rapports de force. Sa grande qualité est sa capacité à aller au fond des choses. C'est pourquoi on trouve beaucoup de Scorpion chez les psychanalystes, les policiers, les enquêteurs. C'est aussi un guerrier : s'il n'est pas forcément dans l'affrontement ouvert, il ne vaut mieux pas le chercher ! Il détient le pouvoir, mais celui qui ne se voit pas : il peut être une éminence grise.

Le natif des Poissons est gouverné par Neptune, Vénus et Jupiter. Il est tout en abnégation et est toujours prêt à aider les autres. Il est donc sans cesse dans l'altruisme, dans l'affect, le rêve, le flou, les émotions, parfois même la passivité. Très attachant, il cherche un équilibre entre rêve et réalité, et tente de les faire coïncider. Les Poissons voient la vie avec des lunettes roses ! Très attachants, ils font de bons partenaires, aussi bien en amour qu'en amitié.

Synchronisation du couple

Lorsque j'étudie le thème astral d'un couple, je regarde en priorité leurs points d'entente. Or, s'ils sont innombrables, six d'entre eux sortent du lot : l'ascendant, le Soleil et la Lune (qui représentent l'entente avec l'autre), Mercure, Vénus et Mars (la communication, l'amour et l'action).

L'ascendant

La façon dont nous nous présentons socialement, notre culture éducative commune : c'est l'ascendant. C'est-à-dire le reflet de toutes les injonctions conscientes que l'on reçoit depuis l'enfance, le but étant de créer une interface entre nous et le monde extérieur. Par exemple, un ascendant Lion sera très attentif à l'image qu'il donne de lui. Il cultivera l'art du sourire relationnel, il voudra faire « bonne figure ». *A contrario*, un ascendant Scorpion fonctionnera sur un mode complètement différent ; il sera davantage dans l'instinct face à son interlocuteur : s'il lui plaît, il s'ouvrira, dans le cas contraire, il aura des couteaux dans les yeux ! Ce différentiel de première image que l'on projette de soi va créer des points de concorde ou des points de divergence qui, d'entrée de jeu, donneront une première tendance d'attirance ou de répulsion. C'est pour cela que certains couples se chamaillent comme des chiffonniers en public et qu'ils peuvent merveilleusement s'entendre dans leur projet de vie et dans leur sensibilité au quotidien.

Le premier point est donc de chercher à faire cohabiter les ascendants.

Le Soleil

Puis nous allons chercher à faire cohabiter les positions du Soleil, celui-ci ayant pour projet de faire émerger de nous la partie consciente vers laquelle nous tendons à nous réaliser socialement. Les objectifs solaires, conscients, sont ceux qui englobent cette façon de fonctionner en dehors de la maison : un Lion a besoin de se réaliser socialement, un Capricorne a besoin d'avoir des responsabilités, un Bélier veut prendre des initiatives, les Gémeaux aiment communiquer et apprendre... Nous allons donc chercher à connaître ce qui réunit et ce qui divise. Le Bélier a un côté offensif, or, s'il a face à lui un Cancer qui n'est que modération, qui déteste les conflits, la confrontation des besoins va sauter aux yeux. Si un natif des Gémeaux, qui est aussi intelligent que dépensier (c'est une cigale), se retrouve en face d'un Capricorne, modèle d'économie et de rigueur (c'est une fourmi), on devine immédiatement l'incompatibilité qui se créera au niveau des objectifs sociaux.

La Lune

La troisième zone de connexion à l'autre est l'univers de la Lune. Elle est beaucoup plus complexe : c'est le fruit de notre histoire, de notre enfance, tous les mécanismes d'éducation, mêlés à tous les mécanismes d'injonctions inconscientes.

Reprenons : nous connaissons le mécanisme des injonctions *conscientes,* qui consistent à nous renseigner sur notre comportement en société (bonjour, merci, au revoir). Regardons à présent les injonctions *inconscientes,* qui sont le fruit de toute notre éducation silencieuse. Ce sont les attitudes que les parents expriment sans même s'en rendre compte dans les relations qu'ils entretiennent avec leurs enfants. Par exemple : si des parents très calmes ont un enfant très sanguin, l'injonction inconsciente fera passer le message de ne pas faire de bruit. Les parents vont lui envoyer des signaux d'approbation ou de désapprobation affectifs et souvent dans le non-dit. Ils donneront plus de sucreries, plus de caresses à leur progéniture qui aura adopté, sans que ce soit énoncé, les comportements qui leur semblent appropriés en fonction de leur propre subjectivité. Chaque parent voit en son enfant une partie de lui-même. C'est ainsi qu'apparaissent parfois des préférences.

La Lune représente donc la manière dont nous nous comportons au quotidien. Lorsque nous commençons à bien connaître notre partenaire, que nous avons dépassé le cap du paraître, l'objectif est d'atteindre l'intimité. Or, nous avons tous nos rituels, nos habitudes, notre histoire et notre vécu. Certaines combinaisons se marient parfaitement, d'autres non. Une Lune en Bélier ne tient pas en place, c'est un hussard, un éléphant dans un magasin de porcelaine. Si on le met face à une Lune en Vierge, un modèle d'organisation qui s'affole dès qu'on lève le ton ou que quelque chose ne tourne pas rond, il y aura forcément des incompréhensions.

Pour résumer

→ On peut s'entendre à l'extérieur, en société (ascendant).

→ On peut s'entendre dans la construction, les grands objectifs conscients (Soleil).

→ On peut aussi s'entendre au quotidien en fonction de notre sensibilité de tous les jours (Lune).

Ces trois points sont les bases de notre relation à l'autre.

Regardons à présent quels sont les outils dont nous disposons pour mettre de l'huile dans les rouages. Pour connaître la position de ces planètes au moment de votre naissance, il est indispensable de faire réaliser votre carte du ciel individuelle.

Mercure

C'est notre capacité à communiquer. Prenons un Mercure en Taureau et un Mercure en Lion : le Mercure en Taureau est quelqu'un de calme, tranquille, qui peut parler d'un sujet uniquement s'il l'a expérimenté. C'est le roi du bon sens. Le Mercure en Lion est quant à lui très globalisant, il ne rentre pas dans le détail, fera passer ses messages en montant le volume, bref, il passe en force ! Le Mercure en Lion (signe de feu) ne devrait jamais lever le ton sur un Mercure en Taureau (signe de terre) – ce dernier se fermerait alors comme une huître. On comprend qu'entre ces deux-là la discussion sera complexe.

Un Mercure en Capricorne possède une communication directe, carrée, pragmatique, simple, fluide, factuelle. Le Mercure en Poissons est à l'inverse dans une communication floue, intuitive, nébuleuse. Insupportable pour le Mercure en Capricorne, qui ne comprendra rien à son discours ! Là encore, la communication nécessitera un certain nombre d'aménagements.

Vénus

C'est notre capacité à aimer. Deux personnalités peuvent pleinement s'entendre à l'extérieur, au quotidien et communiquer parfaitement, mais une fois au « cinquième étage », c'est-à-dire à Vénus, se retrouver sur des terrains complètement différents. Vénus en Bélier est un hussard. Il fonce et ne réfléchit pas. En face d'une Vénus en Capricorne, qui peut mettre des heures avant de se détendre et de se sentir bien, on assistera à un décalage majeur, une incompatibilité fondamentale. C'est une relation qui nécessite une meilleure synchronisation des besoins.

Mars

C'est notre mode d'action. Un Mars en Bélier aura beaucoup d'énergie, tandis qu'un Mars en Poissons est dans le flou. Le Mars en Bélier ne trouvera pas de répondant chez le Mars en Poissons. Cette désynchronisation d'énergie donnera la part belle au Bélier qui prendra toutes les initiatives. Autre exemple, regardons Mars en Taureau : sa lenteur avant d'agir n'a d'égal que le plaisir qu'il prend lorsque ce qu'il réalise lui tient à cœur. Chez lui, la notion de plaisir est donc prioritaire pour agir. À l'inverse, Mars en Gémeaux est stimulé par les situations d'urgence qui feront émerger son côté réactif, rapide et débrouillard. Entre l'atonie du premier et la curiosité boulimique du second, un ajustement sera nécessaire.

Il peut bien sûr y avoir des couples qui s'accorderont parfaitement lorsque Mercure et Vénus seront compatibles alors que Mars ne le sera pas. À moi de leur montrer là où il faudra agir pour une meilleure harmonie entre eux. Ma mission est donc de pointer les endroits de fragilité et les points forts. Plus on identifie clairement où cela fonctionne, plus on peut limiter la casse là où cela ne fonctionne pas, et trouver des méthodes pour arrondir les angles.

L'importance de l'ascendant

Vous l'aurez compris, l'ascendant, c'est ce que vous montrez aux autres, c'est votre éducation, l'image que vous désirez projeter au monde qui vous entoure. Dans le couple, la confrontation des ascendants permet de créer (ou pas) une compatibilité sur le plan social.

Certains ascendants sont plus gâtés que d'autres. Quelques-uns portent même chance naturellement. Plus un ascendant est rond, doux, paisible, plus il va facilement ouvrir les portes du monde extérieur, plus il aura du crédit social. Les ascendants doux auront plus d'amis, les ascendants durs, beaucoup moins – ils pourraient avoir besoin de plus de temps pour s'intégrer au groupe.

Les plus doux sont les Balance, les Sagittaire, les Poissons, et s'ils sont les grands gagnants, c'est parce qu'ils sont tout simplement gouvernés par des planètes douces. Vénus (l'amour) pour la Balance, Jupiter (l'optimiste) pour le Sagittaire et Neptune (l'inspiration, l'intuition) pour les Poissons. Spontanément, ils se font apprécier.

D'autres, en revanche, sont plus maladroits pour se faire aimer : le Bélier, le Scorpion et le Capricorne. On les trouve généralement offensifs, agressifs, rentre-dedans, dominants, impulsifs – ce sont des signes gouvernés par Mars (le combat). Par nature, ces trois ascendants vont projeter d'eux une image plus affirmée : impulsive pour le Bélier, intransigeante pour le Scorpion, distante pour le Capricorne.

Tous les autres ascendants, rassurez-vous, ne sont que finesse et subtilité !

Chacun de ces ascendants a ses qualités, ses points forts… et ses failles. Voici en résumé ce qui les rend séduisants ou insupportables. Et quelques conseils pour les aider à s'améliorer !

Ascendant Bélier

Ce qui séduit : Il est très spontané, fonceur, impulsif.

Ce qui fait fuir : Il peut se révéler frontal.

Mon conseil aux ascendants Bélier :
Prêtez attention au rythme, parfois moins rapide, de vos interlocuteurs.

Ascendant Taureau

Ce qui séduit : Il projette une image délicate, calme et posée. Et, plus important qu'il n'y paraît, il a le sens de l'élégance.

Ce qui fait fuir : Son entêtement, sa lenteur. Avec le Taureau, on ne précipite rien, on ne bouscule rien, on est tranquille.

Mon conseil aux ascendants Taureau : Lors d'une première rencontre, tentez d'ajouter un peu de chaleur et de spontanéité, de manière à ne pas projeter une image de vous trop réservée.

Ascendant Gémeaux

Ce qui séduit : C'est un expert en communication. Il est de loin le plus malin de tous pour créer du lien et du contact. Avec lui, on se sent tout de suite sur la même longueur d'onde.

Ce qui fait fuir : Il débite le même discours à tout le monde, ce qui peut laisser croire aux autres qu'il est un être plutôt superficiel.

Mon conseil aux ascendants Gémeaux : Essayez de creuser davantage les relations, tentez de créer des liens, ne restez pas à la surface.

Ascendant Cancer

Ce qui séduit : Il fonctionne à l'affectif, à l'intuition ; sa douceur et sa sensibilité sont ses marques de fabrique.

Ce qui fait fuir : Il est timide, voire réservé, et peut renvoyer une image un peu trop distante, parfois même sur la défensive.

Mon conseil aux ascendants Cancer : Apprenez à exprimer davantage vos sentiments et vos émotions, sans être autant sur la réserve, la seule façon de vous faire apprécier à votre juste valeur.

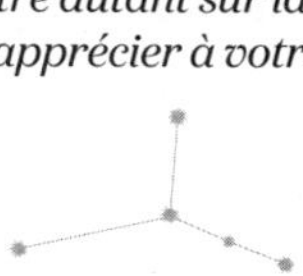

Ascendant Lion

Ce qui séduit : Il se comporte bien, il se tient bien. Toujours élégant et soigné, il est très attentif à son apparence. Vous ne l'entendrez jamais dire du mal des autres.

Ce qui fait fuir : Son égocentrisme ! Les autres ont parfois cette impression de ne pas pouvoir l'approcher tant il se protège derrière une image de perfection.

Mon conseil aux ascendants Lion : Trouvez la bonne distance avec les autres et exprimez davantage votre spontanéité.

Ascendant Vierge

Ce qui séduit : Il projette une image sérieuse, attentive et fiable. Il est surtout rassurant, notamment dans le domaine professionnel, car on sait instinctivement que l'on pourra toujours compter sur lui.

Ce qui fait fuir : Son sens de l'humour n'apparaît pas spontanément. Il est souvent dans l'analyse, dans la retenue, le calibrage, l'observation.

Mon conseil aux ascendants Vierge : Lâchez-vous, ayez un peu plus confiance en vous, exprimez-vous, libérez-vous... détendez-vous !

Ascendant Balance

Ce qui séduit : Il se rend immédiatement sympathique. Il a le contact facile. On le trouve attachant et souriant.

Ce qui fait fuir : Peut-être est-il exagérément sociable, parfois un peu lisse, sûrement trop sympathique avec tout le monde.

Mon conseil aux ascendants Balance : Soyez vous-mêmes. Avec vos hauts et vos bas. Et ne cherchez pas à être aimés par tout le monde.

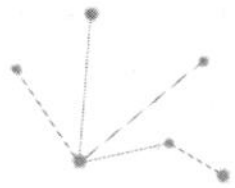

Ascendant Scorpion

Ce qui séduit : Sa franchise, sa profondeur, sa spontanéité et sa forte intuition. Avec lui, on ne peut que se sentir parfaitement en phase.

Ce qui fait fuir : Son infaillible intuition lui fera repérer spontanément toute forme de rapports de force. Si vous lui déplaisez, il vous le montrera sans détour.

Mon conseil aux ascendants Scorpion : Évitez de montrer trop ouvertement votre inimitié à ceux qui vous déplaisent.

Ascendant Sagittaire

Ce qui séduit : Il voit toujours le bon côté des choses, est chaleureux, jovial, spontané. Son optimisme le rend sympathique.

Ce qui fait fuir : Il est bien trop incommodé par la goujaterie. C'est à cette occasion qu'il peut perdre toutes ses bonnes manières !

Mon conseil aux ascendants Sagittaire : Ne vous laissez pas déstabiliser par ceux qui ne sont pas aussi raffinés et respectueux que vous. Et cessez de monter sur vos grands chevaux !

Ascendant Capricorne

Ce qui séduit : C'est un être concentré, à l'écoute et sérieux. Il fera toujours ce qu'il dit. Il est en cohérence avec lui-même.

Ce qui fait fuir : Il renvoie une image froide et distante. Son apparence sévère et dure peut rebuter.

Mon conseil aux ascendants Capricorne : Vous gagneriez à arrondir les angles pour projeter de vous une image plus douce.

Ascendant Verseau

Ce qui séduit : Il a un contact aisé et lie des amitiés facilement. Il projette une image originale et créative qui sort des sentiers battus.

Ce qui fait fuir : Si son originalité est trop marquée, il peut avoir du mal à s'intégrer et ne fera aucun effort pour s'adapter aux autres.

Mon conseil aux ascendants Verseau : Ne soyez pas trop accessibles à ceux que vous percevez comme susceptibles de vous envahir.

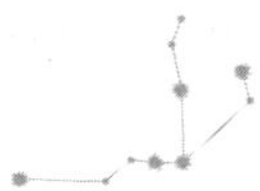

Ascendant Poissons

Ce qui séduit : Il projette une image de douceur et de souplesse, de gentillesse et de délicatesse. Son empathie naturelle le rend extrêmement attachant.

Ce qui fait fuir : Il donne parfois l'impression d'être flou, comme s'il n'avait pas de personnalité propre. Il est trop lisse, on ne sait jamais vraiment ce qu'il pense et paraît toujours ailleurs.

Mon conseil aux ascendants Poissons : N'ayez pas peur d'exprimer votre affection et tentez de partager davantage toutes ces magnifiques qualités d'empathie, de délicatesse et de douceur dont vous êtes pourvus.

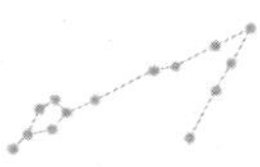

Astrologie et développement personnel

Dans la nuit des temps, les hommes partaient à la chasse. Vous aurez constaté comme moi combien les choses ont changé. En cent ans, la société a évolué et c'est tant mieux. Aujourd'hui, il n'y a plus un, mais deux chasseurs à la maison : l'homme et la femme. C'est même, de nos jours, un enjeu sociétal essentiel.

Après trente ans de pratique, je crois avoir un certain recul, un certain regard aussi sur ce que désirent les femmes. Leurs envies, leurs besoins sont souvent un peu les mêmes.

À 20 ans, elles veulent un beau garçon, c'est tout simple.

À 30 ans, de solides épaules, un certain confort matériel. Mais commencent à en avoir plus qu'assez des gros ego.

À 40 ans, elles attendent un homme gentil. Elles sont prêtes à découvrir l'amitié amoureuse, ne veulent plus jamais être dominées. Le grand amour, le prince charmant, elles ont compris, enfin, qu'il n'existait que dans les contes pour enfants.

Je l'avoue, ce sont ces dernières qui m'intéressent le plus. Elles ont une certaine expérience, bonne ou mauvaise, mais savent précisément ce qu'elles veulent et ce qu'elles ne veulent plus. On peut attendre de moi une première chose : que je comprenne leurs propres désirs et leurs propres besoins. Nous avons tous des envies spécifiques. Je les identifie mieux encore grâce à l'astrologie.

Une femme signe de feu recherchera souvent un écho valorisant et brillant : un autre signe de feu. Mais la confrontation risque d'être difficile. « Il n'y a pas deux coqs dans la même basse-cour », dit l'adage. Ils vont passer à peu près tout leur temps à se confronter. *A contrario*, cette femme signe de feu supportera difficilement un homme passif, elle n'en fera qu'une bouchée… et passera au suivant !

Une femme signe de terre cherchera à matérialiser ses objectifs, elle aura besoin de confort, de concret, mais n'aura aucune envie de se faire invectiver. En clair, elle refuse de se faire engueuler ! C'est typiquement la femme qui aime savoir où elle met les pieds et s'efforce de voir plus loin que le bout de son nez.

Une femme signe d'air aime le contact. Elle recherche la relation humaine, a un petit quelque chose d'éthéré. Elle a du mal à construire, tant son besoin de liberté prime sur le reste, surtout pour les Gémeaux et les Verseau. À l'inverse, la Balance est construite pour trouver un équilibre avec l'autre. La solitude ne lui réussit pas toujours très bien.

Une femme signe d'eau est très liante, c'est un peu le lierre qui cherche son rocher. Mais elle rêve beaucoup, l'imagination est pour elle plus stimulante que la triste réalité. Son besoin de voir la vie en rose prend beaucoup de place dans sa conception de l'amour. Son hypersensibilité peut lui jouer des tours.

La façon de s'y prendre

Le gros enjeu pour moi est de cibler qui elle est, et ce qui lui correspond. Il me faut comprendre ses besoins et celui de son partenaire actuel ou futur. Une femme sur deux m'appelle pour me demander si Untel, cet homme sur lequel elle nourrit de grands espoirs, pourrait lui convenir. Il me suffit alors de synchroniser leurs signes astrologiques.

Je rappelle que je ne fais pas de voyance. Je n'utilise pas mon intuition, jamais, mais me repose sur une grille de lecture et une solide expérience :

→ L'image que renvoie cette personne : son ascendant.

→ Ce qu'elle désire dans la vie : son Soleil.

→ Comment elle se comporte au quotidien : sa Lune.

→ Comment elle communique : Mercure.

→ Comment elle vit ses émotions : Vénus.

→ Comment elle agit : Mars.

Je demande à chacun de mes interlocuteurs de réfléchir à deux points principalement :

• **Se fixer des objectifs accessibles**

Non, vous ne croiserez peut-être pas Brad Pitt chez votre boulanger et le coup de foudre réciproque n'aura peut-être pas lieu. Ce décalage entre fantasme et réalité est d'ailleurs l'une des premières raisons de l'échec d'une relation amoureuse. Mais si on se connaît soi-même, on trouvera sans doute plus facilement le partenaire idéal. Voyez les Vénus en signe d'eau (Cancer, Scorpion, Poissons), celles qui ont l'imagination la plus fertile, elles auront tendance à entretenir le flou d'un idéal : je me dois de leur faire accepter ce qui est réaliste.

Je me souviens de cette femme Lion, 40 ans, mariée et mère de famille dans une petite ville. Un homme vient lui proposer de poser une véranda dans sa maison. Le type est charmant, elle lui offre un café et lui ouvre même la porte de sa chambre. Elle voit en lui l'amoureux idéal, mais il lui précise avant de repartir qu'il faut d'abord payer la véranda. Elle signe, il y en a pour 30000 euros. Et imagine qu'il va revenir et l'emmener avec lui pour vivre de merveilleuses aventures. Elle l'attend et, vous vous en doutez, il ne revient pas. De mon côté, j'entends déjà les appels de la Banque de France, le mari qui la quitte, les enfants à la DDASS. Mais, comme toujours, je ne peux pas lui expliquer tout cela frontalement. Mon âme d'assistant social se met en branle et je tente de lui expliquer : « Cet homme est très certainement l'homme de votre vie, mais il y a un gros problème, c'est le contrat d'argent, un gros nuage noir dans ce ciel bleu. On ne peut en aucune façon mêler les finances aux rapports amoureux. Avant de faire votre vie avec lui, récupérez d'abord votre argent. Vite, rétractez-vous et tout de suite. Une fois que vous l'aurez fait, il reviendra. » Dieu merci, elle l'a fait. Ces gros décalages entre rêve et réalité surviennent malheureusement trop souvent.

Essayez de respecter l'équilibre de l'équation besoins/moyens. Lorsque le rêve des aspirations est supérieur à la réalité des possibles, l'esprit, comme une soupape, va rechercher via le rêve ce qui ne comble pas ses besoins.

- **Pour être aimé, il faut s'aimer soi-même**

Une trop faible estime de vous-même ne vous attirera que des chiens écrasés ou des profils toxiques qui verront en vous une proie dont ils abuseront à loisir. Prenez soin de vous et faites-vous confiance. Voyez le monde différemment pour ouvrir votre champ de conscience, tentez de l'aborder sur un plan positif. S'aimer soi-même, c'est aussi cultiver du lien social, apprécier les autres pour être apprécié d'eux. Intéressez-vous à votre entourage, il s'intéressera à vous : c'est le principe même de l'écho.

Quand l'alchimie opère

Quand on tombe amoureux, une chimie optimiste se met en place et c'est tant mieux. Seulement, pour qu'une relation se poursuive et devienne pérenne, l'idéal est qu'elle s'inscrive dans une succession de phases qu'il convient de connaître.

• La phase fusionnelle

C'est le tout début de la relation. Pendant environ six mois (cela varie), on est totalement investi, c'est même le point central de nos préoccupations. Rien d'autre n'a d'importance, il faut s'accoupler ! On converge sur l'objet de son désir, on ne veut pas, on ne peut pas, voir ses défauts. L'optimisation est à son maximum et on occulte inconsciemment toutes les variables de réajustement qui finiront bien par réapparaître plus tard.

• La phase de réappropriation de l'espace individuel

Six mois plus tard, les yeux se dessillent : on regarde sous le tapis et on y trouve tout ce qu'on avait d'abord refusé de voir (« tu as encore laissé traîner tes chaussettes », « tu as oublié de fermer le tube de dentifrice »). Sans maturité affective, on croit immédiatement être arrivé à un point de rupture : la passion n'est plus là, le quotidien prend le dessus, la vie à deux laisse apparaître son lot de différences. Certains reproduisent indéfiniment le même schéma. Et ne vivent que de courtes passions. C'est là que je peux intervenir.

Ma première question, toujours la même, est simple : si vous deviez noter l'amour que vous portez à votre conjoint de 1 à 10, quelle note lui donneriez-vous ? Si elles me répondent 7, 8, 9 ou 10, nous pouvons travailler ensemble. Si c'est moins, je crains bien qu'il faille reconsidérer la pérennité de cette relation.

Il arrive aussi que des femmes mariées ne soient pas insensibles au charme d'un autre homme. J'essaie alors d'avoir une vision d'ensemble. Je refuse de leur dire frontalement que ce petit nouveau qui vient de débarquer dans leur vie ne cherche peut-être qu'une aventure. Tout ce que je pourrais dire sur le sujet ne servirait à rien ; nous savons qu'il n'y a jamais plus sourd que celui qui ne veut pas entendre. Il faut donc relativiser. Je leur explique plutôt que cet homme qui semble soudain personnifier tout ce dont elles rêvent n'incarne pas systématiquement la stabilité, que leur histoire ne sera peut-être pas éternelle. Le but est de les armer, leur donner les meilleurs outils. Les faire réfléchir à ce qu'elles peuvent perdre et à ce qu'elles peuvent regretter. Mon objectif est de les aider à faire le choix qui leur correspond le mieux.

Un fantôme toujours présent

Mais comme tout système, il y a des limites ! La première est ce que j'appelle le « fantôme ». La plupart des femmes ont connu, entre 18 et 25 ans, un grand amour. Un amour idéalisé. Mais « la vie sépare ceux qui s'aiment » – les études, les déménagements... – et l'histoire prend fin. Durant toute leur existence, ces femmes vont « icôniser » cette relation. C'est un classique, je perçois ce schéma sans cesse, cela arrive même dans 50 % des cas : « Je me souviens de ce garçon que j'ai tant aimé, une passion comme je n'en ai plus jamais vécu depuis », etc. Mon rôle est de faire définitivement disparaître cet homme parfait. Ce fantôme, il faut que je le tue !

Prenez cette femme qui n'arrive pas à vivre une histoire d'amour tant elle pense encore à ce garçon qui l'a ensorcelée vingt ans plus tôt. Les réseaux sociaux me sont alors d'une grande aide. Je lui demande d'essayer de le retrouver sur Facebook ou Copains d'avant. Quelle n'est pas sa surprise : son apollon est devenu un gros monsieur moustachu, aux cheveux clairsemés, qui coïncide parfaitement avec ses commentaires bas de plafond ! Lui ôtant instantanément toute forme de charme idéalisée. Quand elle me rappellera, ce sera pour me dire que son fantôme s'est évanoui ! Définitivement.

Eh oui, l'inconscient marque tant les esprits qu'il me faut faire le « nettoyage ». Un fantôme peut détruire des vies sentimentales, et certaines femmes peuvent vivre longtemps dans le regret. Mon rôle est, dans un premier temps, de décortiquer ce fantôme : je leur explique, en fonction de leurs signes astrologiques, tout ce qui pourrait bien fonctionner entre eux puis, petit à petit, tout ce qui ne marchera jamais. À partir de là, nous repartons sur de bonnes bases.

Ma démarche est de repérer les piliers fondamentaux puis les finesses de ce qui les singularise. Si je les connais en amont, il me sera plus aisé de travailler avec mon interlocuteur, car j'amorce toujours mes entretiens par un descriptif de leur caractère avec pour objectif d'être sur la même longueur d'onde. J'insiste : tant que le nettoyage (oublier le fameux fantôme) n'a pas été fait, nous reproduirons toujours les mêmes erreurs dans nos relations sentimentales ; il ne faut pas nier ni oublier son premier grand amour, seulement comprendre qu'il appartient au passé. L'idéal étant d'intégrer ce passé comme une aptitude pour aimer avec intensité. Et donc, par extension, une possibilité de mettre en place des circonstances qui nous permettront d'aimer de nouveau, mais cette fois-ci de manière plus construite. En clair, si nous avons su aimer, nous avons la capacité d'aimer de nouveau. Mais quelqu'un qui nous correspond.

Tourner la page

Chacun a évolué différemment, pris un autre chemin, mais c'est à nous de tirer des leçons du vécu pour retenir ce qu'il y a de meilleur et accepter les évolutions incontournables qui nous permettront d'aimer. Il existe différentes façons de vivre avec son passé. Nous avons la capacité de reproduire le schéma sur lequel nous avons été construits sans nous poser trop de questions. Si ce schéma ne nous correspond pas, nous pouvons réaliser un travail sur nous-mêmes qui nous aidera à agir différemment. Prenons par exemple ce que j'appelle le « syndrome du culturiste » : une jeune femme de 20 ans choisira d'abord un narcisse tout en muscles, finira par se lasser d'un tel égocentrique et trouvera finalement le grand amour à 40 ans avec un petit intello plein d'humour !

Des cas d'école

Lorsqu'on est en couple, il faut réfléchir, c'est essentiel, à ce qui fonctionne bien et ce qui ne fonctionne pas à la maison. Essayer d'optimiser au maximum les bons côtés de notre relation et limiter la casse face aux mauvais côtés.

L'astrologie peut être une grande aide dans toutes ces difficultés que rencontre un couple, particulièrement après des décennies de vie commune. Prenons deux exemples qui m'ont frappé ces dernières années.

Une femme Poissons d'une cinquantaine d'années est heureuse en mariage depuis vingt-cinq ans et a trois beaux enfants. Une vie de rêve. Son époux, cadre dans une compagnie aérienne, est victime d'un AVC et croit ses derniers jours arrivés. Sur son lit d'hôpital, il lui fait une confession : quelques années plus tôt, il a vécu une brève liaison. Un enfant d'aujourd'hui 9 ans est né de cette aventure. L'épouse, stupéfaite, perd pied. Elle demande conseil auprès de ses amis, qui l'incitent à la séparation. Mais cette femme est une bonne âme, elle est perdue et vient me demander conseil. Nous faisons elle et moi un point : cette femme aime son mari – sur une échelle de 1 à 10, il reçoit la note de 9 ! J'insiste sur le fait qu'elle n'a rien d'autre à lui reprocher et que la rupture peut sûrement être évitée. Je sais déjà que son altruisme et sa générosité, typique des Poissons, vont l'aider à dépasser sa rancœur. Finalement, elle acceptera la situation ; mieux, elle y verra une chance plutôt qu'une catastrophe. L'enfant sera accepté au sein de la famille, présenté à ses frères et sœurs, et elle proposera même de fêter Noël tous ensemble. Cette formidable épouse a pardonné et a réussi à tourner une page douloureuse. Elle est aujourd'hui plus épanouie que jamais.

Autre histoire : une femme Scorpion, autant dire une personnalité forte, dirige depuis vingt ans un restaurant avec son mari. Ils travaillent dur et n'ont qu'une pause dans la journée, entre 15 heures et 18 heures. Depuis deux mois, son mari a radicalement changé : voilà qu'il se prend de passion pour la natation, qu'il chantonne sous la douche, qu'il se parfume et devient bien plus élégant qu'auparavant. Son épouse, n'ayant plus beaucoup de doutes sur son infidélité, vient me rendre visite. Je comprends qu'elle n'a qu'une envie : prendre son mari entre quatre yeux et lui demander des explications de manière vive (c'est un euphémisme). Or, je sais bien que les réactions à chaud peuvent engendrer des dégâts irréparables. Après avoir étudié son thème astral et celui de son mari, je lui demande de me parler de son couple. J'avais déjà repéré les sentiments profonds éprouvés par cette femme à l'égard de son mari ; mon rôle est d'apaiser ses ardeurs : je lui suggère de s'intéresser davantage à lui, d'être plus attentive, plus douce. Le pugilat est heureusement évité. Mais l'histoire ne s'arrête pas là : en bon Scorpion qu'elle est, son envie de vengeance la titille. Sans m'en parler, elle se rend chez son vétérinaire pour se plaindre des chaleurs fréquentes et pénibles de sa chienne. Il lui suggère une poudre très efficace qui anesthésie la libido. Cette poudre sera versée malencontreusement dans une salière qu'utilise le brave mari. Ce dernier, au bout de quelques jours, ne chantonne plus, et sa passion pour la piscine semble s'affaiblir. Lorsqu'elle m'informe de ses manigances, drôles il est vrai, et après avoir ri de bon cœur, je l'invite à cesser ce petit jeu. Finalement, elle a écouté mes conseils : le couple s'écoute davantage, prend du temps pour passer des moments en amoureux, a retrouvé une certaine harmonie et le mari n'est plus retourné voir ailleurs.

En étudiant les thèmes de mes interlocuteurs, je peux comprendre leurs points forts… et leurs points faibles. Appréhender leurs réactions, leurs besoins, les diriger vers ce qui semble être le mieux pour eux. Je tente une approche constructive pour faire en sorte que la relation dure malgré les épreuves – et nous savons tous qu'elles peuvent être nombreuses…

Compatibles ou pas ?

On est au fond tous faits pour être en couple. Mais certains signes sont davantage dans le combat : la pérennité de la relation sera alors moins certaine. D'autres, en revanche, auront une disposition naturelle à l'harmonie, au calme. Leur couple pourra alors fonctionner plus aisément et plus longuement. Cette analyse qui consiste à confronter les thèmes astraux de deux partenaires pour évaluer quels seront leurs points forts et leurs points faibles dans leur vie de couple s'appelle la « synastrie ». En comparant entre eux les six éléments dont je vous ai parlé plus tôt – ascendant, Soleil, Lune, Mercure, Vénus, Mars –, le résultat donne une grille de lecture d'une très grande finesse. Apparaissent alors rapidement les points de convergence et ceux sur lesquels il sera intéressant de travailler.

Le Bélier, le Scorpion, le Capricorne et le Verseau sont les signes qui ont le plus de mal à vivre en couple. Ce sont des signes de guerre, gouvernés par Mars – sauf le Verseau, qui, par essence, est un indépendant. D'autres signes sont définitivement faits pour s'unir : le Taureau, le Cancer, la Vierge, les Gémeaux, la Balance, le Sagittaire, le Capricorne (quand il est déjà engagé), les Poissons et le Lion.

Les goûts évoluent

Les femmes ont depuis longtemps rattrapé les hommes professionnellement. Elles sont en outre plus efficaces, plus organisées dans leur vie sociale. Je rencontre un grand nombre d'entre elles qui ont eu une première vie, des enfants, et qui se sont peu à peu ennuyées dans un quotidien sans aspérités. Elles sont parties (ou ont été quittées) et cherchent à présent l'homme idéal. Le plus souvent, ces femmes imaginent des stéréotypes qui n'existent pas, elles rêvent d'un homme intelligent, charismatique, attentionné, indépendant (mais pas trop !), beau (avec des cheveux et plutôt mince !)... C'est un portrait qui revient souvent. Leur type de profil est toujours un peu le même. Problème : elles ne le trouvent pas.

Si elles sont Bélier, Lion, Sagittaire avec un fort ego, elles auront plus de mal à trouver chaussure à leur pied. Je les oriente vers l'amitié amoureuse, car elles ont davantage besoin d'apaisement, de bienveillance et d'affection. Il faut faire de l'homme qui partage leur vie leur meilleur ami, trouver des points de convergence, être moins dans le passionnel, car c'est l'âge où l'on commence à apprécier pleinement le chic type, celui que l'on surnommait parfois « le gentil ».

Lorsqu'une femme Bélier vient me consulter, je me dois de l'informer : « arrêtez de chercher des hommes avec un gros ego, vous passerez votre temps à vous disputer ». Je tente de la guider vers de l'amitié amoureuse et lui donne des combinaisons optimisées, l'aiguille vers ce qui devrait fonctionner le mieux pour elle.

Étape par étape

Quand vous rencontrez quelqu'un, il est essentiel de différencier deux séquences :

- **La première rencontre va laisser émerger toutes les valeurs éducatives**

Ce qui peut être à la fois rassurant et trompeur. La personne va faire émerger d'elle une image – plutôt frontale pour le Bélier, plutôt tranquille pour le Taureau –, mais cela ne donne pas d'indices sur ce que sera son objectif conscient dans la vie. Un ascendant Verseau donnera une image très agréable sur le plan relationnel. En revanche, cette disponibilité affichée sera plus ou moins atténuée selon son Soleil. Il faut donc faire le distinguo entre l'éducation affichée et la face cachée.

Petit rappel

On rencontre quelqu'un : c'est l'ascendant.
On le découvre un peu plus : c'est le Soleil.
On le connaît encore mieux : c'est la Lune.

• Le deuxième critère renseigne sur le système de communication d'une personne (Mercure), sa façon d'aimer (Vénus) et d'agir (Mars)

Grâce à cela, j'obtiens 80 % d'un profil. Par exemple, il peut y avoir dans un couple une grande compatibilité, mais lorsque des Mercure s'opposent, la communication sera à éclipse. Un Mercure en Taureau qui aime qu'on lui parle gentiment face à un Mercure en Lion qui ne peut communiquer qu'en hurlant, cela peut parfois poser un problème...

Même chose sur le plan affectif : une Vénus en Bélier est un hussard, elle va droit au but. Or, il faut être délicat avec une Vénus en Capricorne et, face à cet impétueux bourrin, elle se transformera en glaçon !

Mars, c'est l'action. Un Mars en Bélier a un tempérament très tonique. S'il rencontre un Mars en Balance, lent et indécis, on perçoit tout de suite qui décidera et qui suivra...

Pour résumer, vous aurez noté que l'entente entre deux êtres dépend d'un certain nombre d'éléments. Plus vous serez lucide sur ce qui vous réunit et ce qui vous différencie, plus vous parviendrez à faire les concessions qui s'imposent. La relation évoluera alors dans le bon sens. Rares sont les combinaisons totalement incompatibles, mais c'est avant tout à vous de définir ce qui est fondamental à vos yeux, ce qui est prioritaire. Ensuite, l'idée sera de définir si vous pouvez composer avec ce qui vous différencie. C'est précisément ce que je vous encourage à faire à la lecture de cet ouvrage.

II.

Pour une nuit ou pour la vie ?

Mes trente années d'expérience m'ont permis de mieux comprendre les relations amoureuses et d'aider à ôter certains nœuds grâce au signe solaire (celui de l'horoscope) de votre partenaire ou futur partenaire. Je vous propose un éclairage pour mieux connaître la personne qui vous intéresse ou, dans tous les cas, celle qui correspondra le mieux à vos besoins. Vous trouverez dans ce guide des informations simples et pratiques qui vous permettront d'aborder la relation à l'autre sous un angle plus harmonieux. Bien évidemment, je vous conseille de ne pas prendre mes commentaires au pied de la lettre, car j'ai délibérément forcé le trait pour vous faire réagir ! Et vous aider à vous faire une idée plus précise par vous-même.

J'ai fait le choix de dédier cet ouvrage aux femmes, car ce sont principalement elles qui me consultent ; j'ai donc travaillé le sujet en fonction de ce qu'elles m'ont enseigné. La relation des femmes aux hommes est celle que je connais le mieux. Les profils qui suivent sont donc masculins. Ils sont le reflet de mon expérience, mais aussi des commentaires de toutes celles qui m'ont raconté leur histoire.

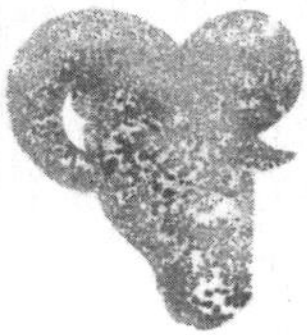

BÉLIER

(20 mars – 20 avril)

Portrait général : Est très spontané, fonceur, impulsif, chaleureux mais impatient ; on l'apprécie parce qu'il prend naturellement l'initiative. C'est avec lui que démarre l'année astrologique : il annonce le printemps ! La force d'énergie nouvelle qu'il dégage est en soi une promesse de vie.

Ses besoins : Être le premier en toute chose.

La rencontre

Qualités principales : Il a de l'énergie à revendre, du tonus matin, midi et soir. Il est également très volontaire et sa force de caractère rassure.

Défauts principaux : Il peut se révéler frontal, créer des tensions dans ses relations aux autres, ce qui le rend parfois franchement pénible. Son credo : poussez-vous de là que je m'y mette !

Quel type de séducteur est-il ? Il aime paraître fort et sûr de lui et se montre particulièrement intéressé par les propos de son interlocutrice. Il veut tout savoir, au risque d'être impatient, voire enflammé. C'est un passionné : à ses yeux, vous êtes la huitième merveille du monde ! Il sait être si convaincant qu'il est presque impossible de lui résister.

Le premier rendez-vous

Comment le séduire ? Si vous voulez ce Bélier, alors flattez-le ! Il aime être le plus beau, le plus fort et le premier dans tous les domaines, il a une mentalité de leader. En lui donnant l'impression qu'il prend l'ascendant, vous le ferez certainement tomber dans vos filets.

Ce qui le refroidit : Si vous le contrariez d'entrée de jeu, si vous cherchez à avoir le dernier mot, si vous voulez décider à sa place et si vous cherchez à imposer votre tempo, il n'aimera pas ça. Le pire ? Être ouvertement peu réceptive à ses avances !

Les sujets à éviter : Tout ce qui concerne le passé, car il vit essentiellement dans l'instant présent. Ne lui tirez pas les vers du nez pour savoir quelle était la relation avec ses ex, au risque de réveiller son courroux...

Le lieu : Vous avez le choix entre la salle de sport, le circuit automobile ou les restaurants chics où l'on déjeune vite fait, bien fait. Idéalement, emmenez-le là où le service est rapide – évitez les endroits où les serveurs sont lymphatiques.

Flûte, c'est pas le bon ! Vous avez réalisé qu'il était trop dominant, impulsif et impatient à votre goût ? La perspective de le laisser envahir votre espace vital ne vous fait pas vibrer ? Alors, ne perdez pas de temps, débarrassez-vous-en. Mettez en lumière son côté égoïste, querelleur, à vue courte.

Comment transformer l'essai

Pour une nuit ou pour la vie ? Si vous êtes décidée à lui donner sa chance, faites-vous plaisir, et laissez-vous guider par lui, car il adore prendre l'initiative. Chez le Bélier, le plus important, c'est le début, il aime mettre en place. L'objectif va consister à vous synchroniser à partir de ses besoins, même s'il est parfois capable de faire des concessions. Si décidément vous n'y arrivez pas, ce ne sera que pour une nuit. En revanche, si vous aimez la façon dont il prend les choses en main, c'est bon signe.

Le sexe : Ne soyez pas surprise par son côté hussard : il aime aller droit au but, ne s'embarrasse pas de détails. Nombreux sont ceux qui concluent leur petite affaire en trois minutes chrono ! Rassurez-vous, une fois la relation stabilisée, les choses peuvent rentrer dans l'ordre.

L'humour : Il ne fait pas toujours dans la finesse ; en revanche, il adore que l'on rie à ses blagues. Vous avez tout intérêt à être bon public ! À l'inverse, il risque de ne pas comprendre les plaisanteries trop fines ; dans ce cas, prenez soin d'être la plus claire possible.

Les voyages : Il est toujours partant... du moment qu'il choisit la destination. N'hésitez pas à être force de proposition, il sera toujours à l'écoute. Même s'il préfère que les idées viennent de lui ! Il aime rarement aller deux fois au même endroit.

Une relation qui évolue

Quel époux sera-t-il ? Il ne vit que de passion, c'est pourquoi la première mission de ce couple est d'entretenir la flamme. Tout comme il le fait lui-même, prenez soin de votre apparence pour conserver son affection. Plus vous serez ouverte à la discussion, plus vous serez à son écoute, plus grandes seront les chances de pérenniser votre relation.

Mariage et lune de miel : Rien n'est trop beau à ses yeux pour celle qui est devenue le centre de sa vie… pour le moment ! Il sera le compagnon enflammé, souhaitant vous faire partager tout ce qu'il aime, heureux de découvrir avec vous de nouveaux horizons. Il se montrera le plus souvent d'une prodigalité sans égal.

Au quotidien : Il aime organiser tout ce qui le concerne personnellement, de la manière dont cela l'arrange. Sa vie souvent trépidante fait passer en priorité ses enjeux du moment. Peu de risques d'ennui avec une nature aussi dynamique et entreprenante.

Les finances : Il est globalement très généreux… du moment que cela se voit. Ne soyez pas surprise s'il vous couvre de cadeaux ostentatoires. Il a la dépense facile et le geste large ; il vit l'instant présent sur le plan financier : demain est un autre jour.

Fidèle ou pas ? Tout dépend de votre capacité à répondre à sa demande affective. Si vous êtes disponible, vous prenez très peu de risques. En revanche, si votre libido est en berne, vous aurez très rapidement des cornes !

Quel parent est-il ? C'est un parent plutôt autoritaire. Il aime décider et il apprécie encore davantage qu'on lui obéisse sans discuter. Il ne sera jamais le père copain dont les enfants abusent, mais celui qui fixe le cap avec franchise et fermeté.

Comment gérer les désaccords ? Vous n'êtes pas d'accord ? Commencez par lui dire qu'il a totalement raison et que vous comprenez parfaitement la justesse de son point de vue. Ensuite, subtilement, rappelez-lui votre façon à vous de voir les choses, en partant du principe qu'il n'a aucune mémoire et qu'il est capable de dire tout et son contraire.

Comment rester amie avec un ex Bélier ? Malgré toutes ses qualités, cela n'a finalement pas collé. Pour s'entendre avec cet ex, rappelez-lui régulièrement ses si nombreux talents de manière à amadouer la bête. Ne lui dites jamais qu'il a tort ou qu'il s'est trompé... vous savez bien qu'il a « toujours raison » ! Soyez, quoi qu'il arrive, un modèle de diplomatie.

TAUREAU

(20 avril – 21 mai)

Portrait général : Il projette une image délicate, calme et posée. Le Taureau est gouverné par la Lune et Vénus, c'est un profil assez lent, qui a besoin de sentir les choses, de s'imprégner avant d'avancer. Et, plus important qu'il n'y paraît, il a le sens de l'élégance. Il fonctionne beaucoup à l'affectif, à l'émotionnel. S'il sent l'autre, il va tout doucement se détendre ; s'il ne le sent pas, il va se fermer et sera distant, particulièrement dans sa vie professionnelle.

Ses besoins : Construire de façon tangible et sur la durée. Pour y parvenir, il est important que ce soit fait dans le calme et l'harmonie.

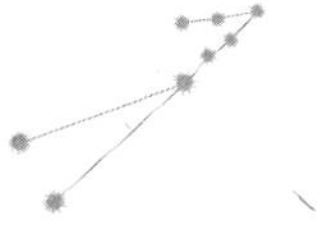

La rencontre

Qualités principales : Sa douceur, son charme et sa délicatesse font généralement fondre les cœurs. Il a ce petit quelque chose qui calme et qui apaise sans même qu'il ne s'en rende compte.

Défauts principaux : Ses sens étant très développés, l'intérêt surdimensionné qu'il porte aux plaisirs de la vie peut se révéler pesant pour son partenaire.

Quel type de séducteur est-il ? Sa douceur vous enveloppe d'un voile de charme sensuel tout à fait délicieux. Sa nature affectueuse, voire câline, se révèle très rassurante. Il donne rapidement l'impression qu'il est le bon.

Le premier rendez-vous

Comment le séduire ? Le plus simple ? Promettez-lui de longues nuits d'amour ! Dans tous les cas, flattez ses sens. Il est sensible aux couleurs, aux odeurs, aux goûts. Bref, à toute forme de plaisir.

Ce qui le refroidit : Il déteste qu'on lève le ton. Soyez peu portée sur la chose et fanatique de fast-foods frelatés, et vous le verrez fuir à grandes enjambées !

Les sujets à éviter : Les nombreuses qualités de vos ex ; les steaks de tofu, ou toutes ces nourritures sans goût qu'il a en horreur.

Le lieu : Tout restaurant pour gourmets avertis fera son bonheur. À privilégier : un endroit au calme où l'assise est heureuse et où l'on prend son temps.

Flûte, c'est pas le bon ! Quand vous aurez réalisé qu'il passe plus de temps sous la couette qu'à aller chercher du boulot, qu'il est plus doué pour vider le frigo que pour le remplir, que tout coup de fil d'un de vos ex lui donne des boutons et engendre une crise de jalousie, il est possible que vous vouliez vous en débarrasser. Faites simple : expliquez-lui que vous tenez à une certaine indépendance.

Comment transformer l'essai

Pour une nuit ou pour la vie ? Vous êtes décidée à sauter le pas ? C'est le moment de partir sur de bonnes bases. Si vous cherchez un nounours qui vous câlinera tout le reste de votre vie, dans le calme et la douceur, vous pouvez considérer le Taureau fait pour vous. En revanche, si vous voulez conserver une vie sociale indépendante et que vous cherchez quelqu'un de moteur, en clair, si vous craignez le train-train, ne donnez pas suite.

Le sexe : C'est très certainement ce qu'il y a de plus important chez le Taureau… après la nourriture. N'ayez pas peur d'user de vos charmes et de votre sensualité : il sera alors tellement heureux qu'il vous en sera très reconnaissant.

L'humour : De nature plutôt heureuse, il est ouvert à tout ce qui lui permet de se détendre : il aime donc rire de bon cœur. Son humour est bon enfant, rarement sarcastique. Évitez toutefois les blagues dérangeantes ou agressives et les taquineries en public qui peuvent facilement le mettre mal à l'aise.

Les voyages : Si vous souhaitez partir en voyage, préparez tranquillement votre affaire : commencez par éveiller ses sens, la perspective d'une cuisine locale riche et variée flattera ses papilles. Privilégiez les hôtels douillets, accompagnés de services de qualité où il trouvera son confort. N'essayez pas désespérément de l'emmener faire les visites approfondies de temples hindous ou de pyramides incas, ce ne sera pas son sujet de préoccupation central. Mais, par amour, il sera capable de faire un effort…

Une relation qui évolue

Quel époux sera-t-il ? Ce modèle de calme et de stabilité vous permettra de sentir à son contact l'épaule solide qui vous sécurisera. Il aime peu le changement, vous avez ainsi toutes les chances que ce que vous mettez en place soit à jamais gravé dans le marbre.

Mariage et lune de miel : Le jour du mariage, portez une attention toute particulière à la qualité du buffet. Et, vous l'aurez compris : évitez d'inviter vos ex, même si vous êtes restés d'excellents amis. Concernant la lune de miel, privilégiez les endroits chauds, calmes et ensoleillés où l'on peut tranquillement se reposer, se détendre et se câliner.

Au quotidien : Allons droit au but : il aime ses habitudes. Une fois qu'il aura trouvé son rythme de vie, il sera compliqué de le faire changer, d'où l'importance de mettre en place des rituels qui, dès le départ, correspondent aux besoins de chacun.

Les finances : C'est souvent le point sensible de la relation. Faites en sorte de clarifier au plus vite la répartition des charges en évitant les zones de flou. Si ce point est mis à plat dès le départ, vous éviterez par la suite d'interminables et désagréables discussions sur l'argent du ménage.

Fidèle ou pas ? C'est globalement un modèle de fidélité... Il est très attaché à sa relation de couple et sa sensualité, toujours en éveil, ne vous fera pas défaut.

Quel parent est-il ? C'est un père affectueux, aimant, disponible et à l'écoute qui dispose d'une autorité naturelle. Il n'a pas besoin de lever le ton pour se faire entendre.

Comment gérer les désaccords ? Mettons tout de suite les choses au clair : tout se négocie avec le Taureau. Pour se faire entendre, le premier point important consiste à ne jamais lever le ton. Expliquez-vous dans le calme avec force détails et jouez sur la corde affective pour entrer dans son oreille. Les réconciliations sur l'oreiller sont souvent une manière simple de régler des désaccords.

Comment rester amie avec un ex Taureau ? La priorité va consister à clarifier et calmer les rancœurs pour qu'ensemble vous passiez à autre chose. Évitez scrupuleusement toute sorte de passif financier qui entraverait la quiétude de votre relation. Ne tournez pas en boucle sur les reproches car, quand il a une idée en tête, elle reste longtemps gravée. Pratiquez plutôt le lâcher-prise pour mieux tourner la page.

GÉMEAUX

(21 mai – 21 juin)

Portrait général : C'est un expert en communication. Il sait s'y prendre pour créer du lien et du contact. Il serait capable de vendre du sable aux Sahariens et des réfrigérateurs aux Inuits ! Vous l'avez compris, c'est un baratineur tout-terrain pouvant défendre une théorie et son contraire dans la foulée. On dit parfois qu'il est trop malin pour être honnête !

Ses besoins : Sa curiosité étant sans cesse en alerte, il doit trouver en permanence de quoi l'alimenter.

La rencontre

Qualités principales : Il est d'une intelligence remarquable. Son sens de l'adaptation n'a pas d'équivalent. Aucun risque de s'ennuyer avec lui. Cet éternel adolescent a l'art de vous faire voir la vie en rose, tant le renouvellement permanent de ses sources d'intérêt est un délice de partage.

Défauts principaux : Il est la plupart du temps menteur comme un arracheur de dents, il vous ferait prendre des vessies pour des lanternes et il est capable de changer d'avis en moins de temps qu'il n'en faut pour le dire.

Quel type de séducteur est-il ? Il est né pour séduire. Il vous sert un discours convenu ayant souvent pour objectif de vous ajouter à sa longue liste de conquêtes. Le bon côté ? Il est éloquent, drôle, communicant, ouvert, curieux, adaptable, et ce qui est certain, c'est qu'avec lui l'ennui ne sera pas de la partie.

Le premier rendez-vous

Comment le séduire ? Abordez plein de sujets différents, ayez l'esprit ouvert, emmenez-le dans des endroits inattendus. Il aime la nouveauté et se montre d'une insatiable curiosité. Soyez toujours à l'écoute de ses nombreuses histoires, il adore avoir du public.

Ce qui le refroidit : Expliquez-lui qu'il n'y aura pas de câlins avant le mariage ! Ayez des idées très tranchées, voire définitives, sur certains sujets, affichez tout de go votre désaccord et dites-lui votre allergie aux beaux parleurs. Interrompez-le quand il commence une histoire en lui faisant comprendre que ce qu'il vous raconte ne vous intéresse absolument pas.

Les sujets à éviter : Tout ce qui peut lui paraître « plombant » : le mariage, les contraintes, les impôts, la retraite, vos ennuis passés. Et tout ce qui se révèle être sujet de discussions fermées. Parmi les thèmes à éviter : votre grande histoire d'amour précédente.

Le lieu : Cela doit être avant tout un endroit à la mode. Le bruit et le tumulte ne le dérangent pas, il adore être confronté à un tourbillon de vie permanent. Idéalement, choisissez un lieu où évolue une population hétéroclite.

Flûte, c'est pas le bon ! Expliquez-lui comme vous êtes déçue que le plumage ne soit pas à la hauteur du ramage. Il est généralement si fier qu'il supportera difficilement ce genre de camouflet. Montrez-vous possessive et jalouse, harcelez-le de questions au moindre coup de fil qu'il reçoit, et vous pourrez être certaine qu'il disparaîtra très vite de la circulation.

Comment transformer l'essai

Pour une nuit ou pour la vie ? Sa vivacité d'esprit vous a séduite ? C'est donc une affaire qui roule. Mais n'oubliez jamais qu'il n'a qu'une angoisse : s'ennuyer. S'il ne vous rappelle pas le lendemain d'une nuit d'amour, vous serez en droit de considérer que vous avez simplement rejoint la liste de ses amours éphémères. De votre côté, si vous avez l'impression d'avoir été confrontée à un ado immature qui se montrera instable sur la durée, tournez la page.

Le sexe : Il fait preuve d'une formidable curiosité dans le domaine amoureux. Investissez rapidement dans un *Kamasutra*, vous ne tarderez pas à en explorer ensemble toutes les pages. Avec lui, le sexe est léger, drôle, aérien, curieux, innovant, étonnant, décapant... ce ne sera en tout cas jamais ennuyeux.

L'humour : Il est certainement le plus talentueux dans le domaine de l'humour. Son esprit sans cesse en éveil et sa nature adolescente en font un partenaire privilégié pour rigoler toute la journée. Son talent naturel pour ne rien prendre au sérieux lui permet d'aborder les sujets sans le moindre complexe et avec une légèreté qui emporte l'adhésion.

Les voyages : Vous pourrez entreprendre avec lui le tour du monde, son insatiable curiosité en fera un partenaire idéal pour partager toutes les aventures et tous les dépaysements. Comme il ne tient pas en place, attendez-vous à crapahuter dans des endroits insolites, et à partir à la découverte de lieux improbables.

Une relation qui évolue

Quel époux sera-t-il ? Cet éternel adolescent sera un modèle d'adaptation dans la vie quotidienne. C'est à vous qu'il convient de fixer le cap concernant les objectifs à long terme, car sa tendance à vivre au jour le jour s'embarrasse généralement peu de ce qu'il adviendra dans le futur.

Mariage et lune de miel : Commencez tous deux par inviter de très nombreux amis à votre mariage et préparez une fête qui se poursuivra jusqu'au bout de la nuit. Invitez clowns et saltimbanques, cracheurs de feu et bonimenteur. Ce sera d'autant plus joyeux que vous verrez votre conjoint se transformer en enfant émerveillé par tout ce qui l'entoure. Pour la lune de miel, offrez-vous un dépaysement total.

Au quotidien : Lorsqu'il est de bonne humeur, c'est un pitre avec lequel on ne s'ennuie jamais. À l'inverse, lorsqu'il est fatigué, il lui faut évacuer ses ressentis et ses humeurs pour s'alléger. Son besoin permanent de communiquer nécessite d'être savamment alimenté.

Les finances : Lorsque Jean de La Fontaine a écrit la fable de *La Cigale et la Fourmi*, il a dû penser très fort au natif des Gémeaux tant ce dernier ressemble à cette chère cigale. Ce panier percé, entre les doigts de qui l'argent file, est fait pour vivre dans l'instant présent. L'argent n'est pas pour lui un but mais un carburant, raison pour laquelle il est parfois prudent de prévoir à sa place, voire de prendre les commandes de la bourse.

Fidèle ou pas ? Soyons clairs : il s'agit là du plus grand des cavaleurs. Vous le verrez faire du charme à tout ce qui porte jupons et aller même un peu plus loin. Il ne résiste pas à l'idée de faire le beau, mais si vous l'acceptez, rassurez-vous, il rentre toujours à la maison.

Quel parent est-il ? C'est un enfant de plus dans la maison. Ce père copain est celui dont rêvent tous les enfants. Il n'a pas son pareil pour jouer avec eux, éveiller leur curiosité et nourrir leur créativité.

Comment gérer les désaccords ? Ce qui est agréable avec le natif des Gémeaux, c'est que l'on peut toujours discuter. Son ouverture aux échanges et souvent à la négociation permet généralement de trouver un terrain d'entente. Privilégiez les faits et la simplicité, en évitant d'entrer dans la spirale des reproches réciproques. Il sera facile à convaincre s'il sent que vous êtes déterminée.

Comment rester amie avec un ex Gémeaux ? C'est très simple : il a un talent naturel pour cultiver les relations d'amitié. En abordant tous les sujets avec légèreté, en faisant de l'humour, en s'amusant avec lui, votre relation demeurera sereine et paisible.

CANCER

(21 juin – 22 juillet)

Portrait général : Il fonctionne à l'affectif, à l'intuition ; sa douceur et sa sensibilité sont ses marques de fabrique. Il se laisse volontiers déborder par l'émotion, ce qui en fait un être très touchant. Le Cancer projette de lui une image timide, particulièrement durant l'enfance, de ceux qui rougissent quand on leur parle. Il n'est pas très à l'aise en public, tant sa pudeur et son manque d'assurance sont grands.

Ses besoins : Une famille présente et unie. Et que la bonne entente règne.

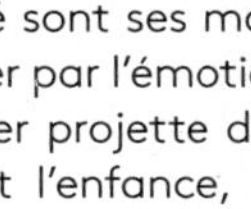

La rencontre

Qualités principales : Sa délicatesse est exquise, il cherche à être au diapason de vos émotions, ce qui le rend évidemment très attachant. D'une profonde stabilité, il répondra présent dès qu'il s'agira d'aider les siens.

Défauts principaux : Cet éternel enfant lunatique peut se révéler capricieux et à l'humeur changeante. Il vit souvent dans la subjectivité, ce qui peut lui faire fuir les dures réalités de l'existence.

Quel type de séducteur est-il ? Il est généralement maladroit pour faire sa cour, préférant que l'autre soit entreprenant. Il est connu pour faire un pas en avant puis trois pas en arrière, ce qui déroute ses interlocutrices.

Le premier rendez-vous

Comment le séduire ? Pour lui, rien n'est plus important dans la vie que la famille. Si c'est votre souhait, rappelez-lui que votre objectif principal consiste à construire votre vie future sur des bases solides et que votre ambition serait de créer un foyer concentré sur l'amour pour ses enfants.

Ce qui le refroidit : Racontez-lui que votre famille n'est qu'un panier de crabes et un nid de serpents et que la perspective de construire quelque chose ensemble vous remplit d'effroi.

Les sujets à éviter : Ne lui répétez pas à longueur de temps que l'Histoire avec un grand H, le passé, la nostalgie vous donnent des boutons. Si vous insistez sur le fait que vous n'aimez pas ceux qui parlent sans cesse de leur enfance, il fuira.

Le lieu : Un endroit où il a ses habitudes ou qu'il a connu plus jeune lui rappellera, tel Marcel Proust (Cancer également) avec sa madeleine, que rien ne vaut les environnements rassurants.

Flûte, c'est pas le bon ! Non seulement vous n'accrochez pas avec lui, mais il se révèle être un sparadrap dont il est difficile de se débarrasser, alors autant y aller franco ! Dites-lui tout de go qu'il vous est viscéralement antipathique et que toute conversation est une source d'agacement sans fin. N'hésitez pas à doser fortement, car il n'y a pas plus sourd que celui qui ne veut pas entendre.

Comment transformer l'essai

Pour une nuit ou pour la vie ? Il a su vous toucher par sa délicatesse, son écoute et sa présence. Son talent pour vous apaiser vous invite à pousser l'expérience plus loin. Parlez-lui projets d'avenir et large progéniture. Si ce n'est pas du tout votre ambition, ce ne sera qu'une brève rencontre.

Le sexe : Il est plutôt attachant sous la couette, même s'il est parfois nécessaire de lui servir un deuxième café pour éviter qu'il ne s'endorme sur l'ouvrage ! D'une nature sensuelle et romantique, il est en général plus doué pour la tendresse que pour le sexe.

L'humour : Il peut avoir de l'humour, mais il lui faut parfois un long moment pour comprendre les plaisanteries. Essayez de raconter plusieurs blagues à la suite pour lui laisser le temps de se mettre au diapason. À éviter : toute forme de taquinerie sur sa famille en général... et sur sa mère en particulier !

Les voyages : Le dernier qui est parvenu à emmener un Cancer en voyage sans l'avoir longuement préparé en amont n'est pas encore né. Il préférera les cités anciennes – tout ce qui touche à l'Histoire – aux endroits à la mode. En clair, si vous voulez lui faire une surprise, choisissez plutôt les grottes de Lascaux que la dernière boîte tendance de Saint-Tropez.

Une relation qui évolue

Quel époux sera-t-il ? Il évite généralement les conflits et privilégie le non-dit plutôt que l'affrontement. Il sera d'une stabilité à toute épreuve et vous pourrez compter sur sa présence.

Mariage et lune de miel : À l'occasion du mariage, si c'est vous qui vous occupez des invitations, prenez grand soin de n'oublier aucun membre de vos familles respectives, il y est très attaché. Concernant la lune de miel, choisissez ensemble la destination, car rien n'est pire à ses yeux que les surprises et les dépaysements aussi impromptus qu'inattendus.

Au quotidien : Investissez tout de suite dans la tisane, les chaussons et le canapé (où il restera scotché la majeure partie de son temps) ! Il apprécie surtout le calme et est très attaché à ses habitudes. Sa discrétion ferait parfois presque oublier sa présence. En revanche, il est très scrupuleux sur les horaires de repas, au risque de voir son humeur changer du tout au tout.

Les finances : Les pinces du crabe symbolisant le signe du Cancer trouvent ici tout leur sens. Sa radinerie n'a d'équivalent que sa peur de manquer. Il a fréquemment des oursins dans son porte-monnaie.

Fidèle ou pas ? Le Cancer n'est pas un coureur : c'est bien trop fatigant ! Il a surtout horreur du changement. Aussi, il n'ira pas chercher ailleurs ce qu'il a à la maison. Le Cancer étant inquiet de nature, la perspective de se faire coincer lui ôtera définitivement tout désir d'aller galoper !

Quel parent est-il ? Véritable mère poule avec ses petits, le Cancer est capable de leur dévouer l'essentiel de sa vie. À ce sujet, le syndrome du nid vide, correspondant au départ des enfants devenus adultes, est fréquemment une source profonde de mélancolie chez lui. Il attend impatiemment l'arrivée des petits-enfants pour se consoler.

Comment gérer les désaccords ? Puisqu'il raisonne de manière subjective et qu'il se laisse dominer par ses émotions, il peut se révéler d'une proverbiale mauvaise foi lors des discussions. Inutile d'essayer de passer en force ; revenez plutôt sur le sujet autant de fois qu'il sera nécessaire pour tenter de le convaincre. Ce sera d'autant plus facile quand il sera de bonne humeur.

Comment rester amie avec un ex Cancer ? Comme il est d'une nature nostalgique, n'hésitez pas à entamer toute discussion par un rappel des souvenirs heureux que vous avez partagés, en évitant de le relancer sur ce qui vous différencie ; il s'en souvient très bien grâce à sa mémoire d'éléphant.

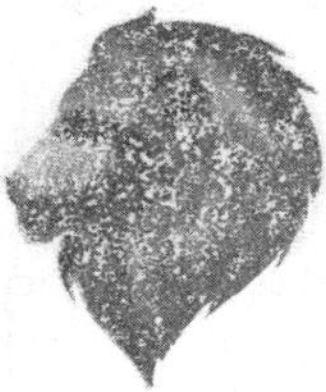

LION

(22 juillet – 23 août)

Portrait général : Le Lion aime renvoyer une image superbe, parfaite, face au monde extérieur. Il est exemplaire sur le plan social : vous ne l'entendrez jamais dire du mal des autres. Il se comporte bien, il se tient bien, est en quelque sorte en représentation permanente. Toujours élégant et soigné, il est très attentif à son apparence.

Ses besoins : Être en lumière et si possible le centre de l'attention, car il aime rayonner de chaleur et de joie de vivre.

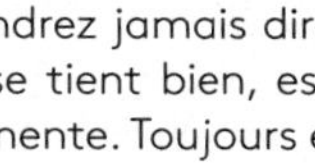

La rencontre

Qualités principales : Il est noble, digne et généreux, a une vision large des choses et une assurance naturelle qui inspire confiance. De nature positive, il voit grand et cherche la qualité dans tout ce qu'il touche, ce qui le conduit souvent à être le meilleur dans un grand nombre de domaines.

Défauts principaux : C'est habituellement un égocentrique : le cratère du Vésuve est plus petit que la taille de son nombril ! Il a tout fait, tout vu, il sait tout, ce qui peut vite agacer son entourage. Son jeu préféré ? Faire le tour du quartier dans son énorme voiture rouge tout en actionnant régulièrement son klaxon de type tempête pour être bien certain que tout le monde l'a remarqué !

Quel type de séducteur est-il ? Il n'a pas son pareil pour vous en mettre plein la vue dès le premier rendez-vous. Rien n'est trop beau ni trop cher à ses yeux : c'est sa manière à lui de vous séduire. De plus, il vous expliquera à quel point il est l'incarnation de la huitième merveille du monde, histoire de vous convaincre de votre chance de l'avoir rencontré ! Il s'intéressera d'autant plus à vous lorsqu'il percevra l'étincelle s'allumer dans vos yeux !

Le premier rendez-vous

Comment le séduire ? La méthode est très simple : flattez-le ! Il est le plus séduisant, le plus intelligent, le plus fort, le plus... tout. Il sera à son tour admiratif de votre perspicacité puisque vous avez rapidement compris comme il était génial.

Ce qui le refroidit : Avoir systématiquement l'esprit critique, s'épancher longuement sur ses malheurs passés, parler de ses dépressions régulières et enfoncer définitivement le clou en lui assénant que vous avez une sainte horreur des profils bling-bling.

Les sujets à éviter : Il n'y en a pas tant que ça, il est plutôt ouvert à tout, à condition de ne pas le contrarier lorsqu'il énonce son point de vue qui, vous l'aurez compris, ne souffre aucune contestation.

Le lieu : Le restaurant le plus chic, là où il faut être vu. En effet, il aime que la lumière soit autant sur vous que sur lui.

Flûte, c'est pas le bon ! Pour s'en débarrasser, rien de plus simple, tapez directement dans son orgueil et son amour-propre. La formule « Tu es un gros raté » est formidable d'efficacité pour le faire définitivement disparaître des radars.

Comment transformer l'essai

Pour une nuit ou pour la vie ? Cette force de la nature à l'assurance certaine vous rassure par sa seule présence. Si vous aimez ce type de tempérament chaleureux et haut en couleur, il est fait pour vous. Au contraire, si son égocentrisme permanent ne vous laisse que trop peu d'espace vital, sauvez-vous quand vous le pouvez encore, pour préserver votre bonne santé mentale.

Le sexe : S'il met des miroirs partout dans la chambre pour profiter pleinement de la puissance de ses ébats, ne soyez pas surprise ! Et surtout, amusez-vous à flatter outrageusement sa virilité pour l'encourager. Ne lésinez pas sur le bruit, rien n'est plus flatteur pour lui que des voisins qui viennent se plaindre !

L'humour : Il adore s'entourer de ceux qui le font rire, car il est généralement plein d'humour et peut avoir l'esprit taquin. En revanche, et c'est bien le seul moment où il n'aime pas être le centre de l'attention, il déteste être lui-même l'objet de taquineries.

Les voyages : Vous allez devoir casser la tirelire. Il aime le luxe et ne se satisfait que du meilleur. Il ne descendra pas dans un hôtel à moins de cinq étoiles. Bien évidemment, sélectionnez les destinations les plus prisées et les plus inattendues.

Une relation qui évolue

Quel époux sera-t-il ? Il sera toujours très présent. Il occupe naturellement l'espace central et aime à prendre la plus grande partie des décisions. Il est très demandeur d'écoute et d'attention, ce qui nécessite de prendre en compte son fameux caractère dominant.

Mariage et lune de miel : Si le château de Versailles était en location, les Lion se bousculeraient pour y réserver leur salle de mariage. Vous l'aurez compris, il faut du beau, du grand et du fastueux. Il faut inviter large, son plaisir à être le centre de l'attention sera d'autant plus satisfait si toute sa cour est présente. La lune de miel ? Ce qui se fait de mieux sera un minimum.

Au quotidien : Soyons honnêtes, la vie tourne essentiellement autour de lui. Pour faire simple : il aime décider. Ayant ses habitudes, il sera très sensible au fait que vous ne cherchiez pas à les modifier.

Les finances : Évitez donc de faire compte commun, il trouvera toujours pour excuse qu'il lui faut acheter ce qu'il y a de mieux, donc, étonnamment, ce qu'il y a de plus cher. Partant du principe que ce qui est à vous est aussi à lui, organisez votre budget en conséquence.

Fidèle ou pas ? Il est, avec les Gémeaux, le profil qui a le plus besoin de liberté. Mais si lui peut agir à sa guise, il ne supportera pas que vous séduisiez d'autres que lui. Ne l'oubliez pas : il a un grand besoin de se sentir aimé.

Quel parent est-il ? En fonction de son degré de maturité, il pourrait être un parent insensible ou, au contraire, généreux et attentif. Dans ce cas, son plaisir à jouer avec les enfants, à les guider et à les protéger sera un modèle du genre.

Comment gérer les désaccords ? La méthode est très simple : il ne faut jamais le prendre de front et encore moins en public. Confortez-le dans le fait qu'il a toujours raison, mais que, dans son infinie sagesse et sa merveilleuse intelligence, vous disposez d'une information qui a exceptionnellement échappé à sa vigilance.

Comment rester amie avec un ex Lion ? Là encore, la méthode est toujours la même : flattez-le d'entrée de jeu. Il est toujours aussi beau, il a toujours autant de goût, il est toujours aussi en forme, de façon à le mettre dans de bonnes dispositions. Et, surtout, évitez d'aborder frontalement les sujets polémiques.

VIERGE

(23 août – 22 septembre)

Portrait général : Dans une maternelle, c'est lui, l'enfant du premier rang, concentré comme jamais, à l'écoute. Il projette une image sérieuse, attentive et fiable. Il est très rassurant, surtout dans le domaine professionnel, car on sait instinctivement que l'on pourra toujours compter sur lui.

Ses besoins : Apprendre en permanence et être sécurisé sur le plan pratique.

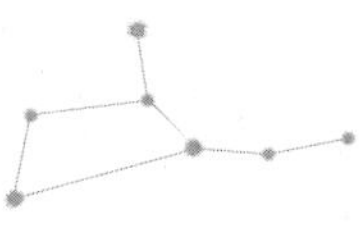

La rencontre

Qualités principales : Il est capable d'accumuler une quantité invraisemblable d'informations, une des preuves de sa profonde intelligence. Il est travailleur, fiable et sérieux et s'efforce de toujours regarder plus loin que le bout de son nez. Son amour de la paix l'invite généralement à trouver de bons compromis.

Défauts principaux : C'est un inquiet pathologique qui somatise et a toujours un problème quelque part. Il déteste rompre ses habitudes et dispose d'un esprit critique très aiguisé qui le pousse à mettre le doigt sur le détail qui agace. Sa maniaquerie peut indisposer ceux qui doivent composer avec lui.

Quel type de séducteur est-il ? Il faut distinguer tout de suite le natif de la Vierge sage du natif de la Vierge fou. Le premier est un modèle de timidité qui n'osera jamais être entreprenant. Le second n'a pas froid aux yeux et, chez lui, seules les oreilles sont chastes !

Le premier rendez-vous

Comment le séduire ? Ce qui fonctionne le mieux consiste à le faire rire afin qu'il se détende. Avancez pas à pas sans chercher à aller plus vite que la musique. Il aime la discrétion, la douceur et la délicatesse et se laisse facilement séduire par la culture de ses interlocuteurs.

Ce qui le refroidit : Il a une sainte horreur des profils sans gêne et de tout ce qui fait du bruit. Toute forme d'anarchie, de gâchis ou de désorganisation le fait fuir à la vitesse de l'éclair.

Les sujets à éviter : Cet enfant de Mercure est un signe de terre solidement accroché au bon sens et à la simplicité.

Évitez toutes les histoires à dormir debout, même si l'idée première était justement de romancer. La tendance à l'exagération l'exaspère. Le plus important ? Ne jamais lever le ton avec lui.

Le lieu : Si c'est à vous qu'il revient de choisir le restaurant, trouvez-en un peu couru qui proposera le meilleur rapport qualité-prix. Préférez les ambiances intimistes, car il a toujours en tête de dialoguer avec vous sans être envahi par le brouhaha environnant.

Flûte, c'est pas le bon ! Ôtez-lui toute confiance en lui (elle n'est déjà pas bien grande) en lui expliquant qu'il est très loin de vos attentes. Pour enterrer définitivement le dossier, expliquez-lui que vous êtes une épouvantable dépensière qui ne voit pas plus loin que le bout de son nez.

Comment transformer l'essai

Pour une nuit ou pour la vie ? Si vous vous êtes laissé séduire par la discrétion de son charme ou l'étendue de ses connaissances, vous trouverez en lui un partenaire plus ami qu'amant avec lequel vous pourrez, sans grande difficulté, partager le reste de votre vie. Si, au contraire, sa timidité, ses angoisses et son côté bonnet de nuit vous indisposent, ce n'est même pas la peine d'essayer de le changer : c'est malheureusement perdu d'avance.

Le sexe : Il pratique le sexe récréatif comme d'autres font du vélo. Sans être obsédé sur le sujet, il met du cœur à l'ouvrage et prend grand soin de s'assurer que sa partenaire y trouve aussi son compte. Ne comptez pas sur lui pour faire preuve de créativité, car une fois trouvé ce qui lui convient, il aura tendance à s'enliser dans la facilité de ses habitudes.

L'humour : Faire de l'humour est son meilleur antistress, raison pour laquelle il est d'une extrême attention à tout ce qui pourra le faire rire. Derrière son apparente chasteté se cachent un humour corrosif et un esprit critique auquel peu de choses échappent. D'ailleurs, mieux vaut ne pas faire l'objet de ses taquineries !

Les voyages : Autant vous prévenir tout de suite, il n'aime pas partir à l'aveuglette. Avec lui, les vacances seront accompagnées d'un plan très en détail et d'une description approfondie du séjour, de manière qu'il puisse s'organiser en conséquence. Il veut être sûr d'éviter les mauvaises surprises.

Une relation qui évolue

Quel époux sera-t-il ? Il sera d'une linéarité à toute épreuve, car il est très attaché à ses rituels et à ses habitudes. Son grand besoin de communiquer en fera un partenaire dévoué et à l'écoute, mais son côté casanier pourrait bien rendre cette relation un peu routinière.

Mariage et lune de miel : Il préférera les comités intimes et les invités triés sur le volet plutôt que les grandes fêtes où l'on invite le ban et l'arrière-ban. Là encore, la qualité primera sur la quantité. Pour la lune de miel, il devra savoir à l'avance s'il a besoin d'emporter dans sa valise un maillot de bain ou une paire d'après-skis.

Au quotidien : Vous l'aurez compris, le natif de la Vierge est particulièrement attaché à ses habitudes. Toute forme d'imprévu devient vite grande dose de stress. Prévenez-le en amont de tout changement éventuel, de manière qu'il ait le temps de s'y préparer. Pour tout le reste, il n'est pas dérangeant, voire facile à vivre.

Les finances : On peut compter sur lui pour ne jamais manquer de rien. Cet écureuil du zodiaque dépense une énergie farouche à accumuler des noisettes pour bien passer l'hiver. C'est le roi des bonnes affaires et ses investissements sont généralement bien pensés. Il préfère donner que de prêter, car, comme le disait si justement Jean de La Fontaine : « La fourmi n'est pas prêteuse. »

Fidèle ou pas ? Il serait un terrible cavaleur s'il n'appréciait pas encore davantage la paix, le calme et la tranquillité. Une fois bien calé dans sa routine, il y a peu de risques qu'il aille batifoler ailleurs. Petit clin d'œil aux Vierge folles (minoritaires) chez qui le besoin de séduire l'emporte sur toute autre priorité.

Quel parent est-il ? Il est dévoué aux siens et cherchera à protéger l'avenir de sa progéniture au mieux de son intérêt. C'est un parent communicant, manquant généralement d'autorité et qui laissera le soin de l'organisation à son conjoint.

Comment gérer les désaccords ? Avec lui, le bon sens fera toujours force de loi. C'est à vous de trouver les bons arguments, ceux qui s'inscrivent dans sa logique en vous appuyant sur des éléments concrets, simples et pratiques. Ainsi, vous pourrez le convaincre du bien-fondé de vos arguments.

Comment rester amie avec un ex Vierge ? Jouez sur son insatiable curiosité en lui racontant les anecdotes concernant tous ceux qui vous entourent. Si, au passage, vous mettez l'accent sur les travers de certains, vous en rigolerez ensemble. À éviter : les interminables discussions concernant les finances.

BALANCE

(22 septembre – 22 octobre)

Portrait général : Il est sans doute le plus délicat et le plus attachant de tous ; mieux, il se rend immédiatement sympathique. Une perle rare ! C'est un signe d'air, il a donc le contact facile. Son signe est gouverné par Vénus, autant dire qu'il est la quintessence du charme, de la douceur, de la gentillesse. Il optimise au maximum le fait de créer du lien et est à la recherche de fusion, d'entente.

Ses besoins : Être en couple. Le partage est essentiel à ses yeux.

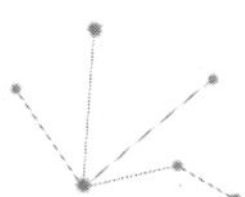

La rencontre

Qualités principales : Il cherche toujours à s'entendre avec l'autre, car il a un grand besoin de se sentir aimé. Il déploie des trésors de charme, de douceur et de délicatesse, et sa nature apaisante en fait un compagnon délicieux. Il a du goût et apprécie les jolies choses. Il n'a pas son pareil pour mettre en valeur les qualités de ceux qu'il aime.

Défauts principaux : Il ne sait jamais ce qu'il veut, il est en perpétuelle hésitation et est souvent d'accord avec le dernier qui a parlé. Il est capable de plonger dans de redoutables phases de mélancolie qui peuvent aller jusqu'à la dépression. Il a souvent l'art de reporter à plus tard ce qu'il peut faire le jour même.

Quel type de séducteur est-il ? Son âme de poète et son besoin d'amour en font un séducteur de premier plan. Il raffine de manière exquise les attentions qu'il porte à l'élue de son cœur. Avec lui, tout n'est que douceur, charme et délicatesse.

Le premier rendez-vous

Comment le séduire ? Exprimez votre attachement à son goût et à son raffinement. Emmenez-le voir des expositions, des concerts, partagez avec lui vos goûts culturels. Privilégiez la douceur et la souplesse, soignez votre apparence sans être ostentatoire. Et tâchez de ne pas le brusquer.

Ce qui le refroidit : Il a une sainte horreur de la vulgarité : les couleurs trop vives, les parfums trop capiteux, mais aussi les propos vulgaires et le sans-gêne. Tout cela fait partie du panel de ce qui refroidit ses ardeurs.

Les sujets à éviter : Toute forme de sujets agressifs, extrémistes et polémistes. Pour le reste, il sera toujours d'accord avec vous, du moment que vous adoptez une position d'arbitre et tenez des propos mesurés en toute circonstance.

Le lieu : Un endroit élégant et harmonieux comblera ses attentes. Avec lui, la simplicité est de mise : un pique-nique au bord de l'eau, si le cadre est verdoyant et si le chant des oiseaux flatte son oreille, suffira à lui apporter la paix. Retenez qu'il aime surtout le calme. Le besoin de se sentir en harmonie avec tout ce qui l'entoure est un élément essentiel.

Flûte, c'est pas le bon ! Ce dépressif chronique qui ne sait jamais ce qu'il veut a fini par vous taper sur le système ? Expliquez-lui que la perspective de partager votre existence avec un tel indécis n'est plus supportable. Tranchez net sans faire dans le détail avant de vous laisser apitoyer sur son sort.

Comment transformer l'essai

Pour une nuit ou pour la vie ? Cet ange de douceur et de délicatesse a fini par vous séduire. Vous vous voyez bien poursuivre votre existence avec ce compagnon de route qui vous considère comme le centre de sa vie : qu'il est agréable de se sentir aimé ! Il n'aura pas fallu longtemps pour qu'il vous détaille ses vingt dernières années de dépression et son absence de projet de vie ? Si cette victime en puissance vous tape finalement sur les nerfs, vous devez le congédier sans tergiverser.

Le sexe : Ce qui est agréable avec lui, c'est qu'il est toujours prêt pour une partie de jambes en l'air. Il aime tellement faire plaisir que vous auriez tort de vous en priver. Très respectueux du désir de l'autre, il ne sera jamais insistant, ce qui en fait un partenaire très agréable.

L'humour : Pour lui, l'humour rime avec l'élégance de la formulation : le jeu de mots le ravit, la finesse d'esprit le séduit. Il cultive les bons moments comme d'autres collectionnent les objets d'art. Bref, il a l'humour courtois, raffiné et délicat, et, là encore, il déteste la vulgarité.

Les voyages : Il sera toujours partant, toujours d'accord pour vous suivre au bout du monde… du moment que c'est vous qui organisez ! Facile à satisfaire, il aura bien sûr un faible pour les destinations élégantes et chics, mais quoi qu'il arrive, il se plaindra très peu, même s'il n'y trouve pas son compte.

Une relation qui évolue

Quel époux sera-t-il ? Il est prédestiné à devenir le meilleur des époux, celui qui encaissera sans broncher les variations d'humeur, les caprices, les lubies et tout ce qui en ferait fuir tant d'autres. C'est donc une perle rare que l'on doit traiter comme tel avec douceur, calme et gentillesse. On pourra compter sur lui pour être à l'écoute de sa partenaire tant il possède toutes les qualités d'un époux aimant.

Mariage et lune de miel : Un cadre doux et raffiné saura le combler pour le jour de votre mariage. L'ostentatoire, le bruit et le tumulte sont donc à proscrire. Vous n'inviterez que des profils bienveillants, et pas ceux dont l'esprit polémiste est notoire. La lune de miel est pour lui un moment de pure magie dont il se souviendra toute sa vie, ce qui vous donnera un avant-goût de son intérêt pour vous et de l'attachement qu'il vous porte.

Au quotidien : C'est un « partenaire exquis », comme le formulait un jour Jean d'Ormesson. Il sera toujours d'accord avec ce qui vous convient, vous pourrez vous reposer sur son épaule, mais ne comptez pas sur lui pour prendre des initiatives. Il aime se laisser porter, ce qui peut être aussi agréable qu'agaçant.

Les finances : Il aime son plaisir et la facilité, raisons pour lesquelles il s'efforce de s'organiser sur le plan financier. Au-delà de ses propres besoins, il sera rarement avide de posséder davantage. Il laisse généralement aux autres le soin de s'occuper de sa vie matérielle.

Fidèle ou pas ? En partant du principe que sa raison essentielle d'exister consiste à aimer et à être aimé, sa fidélité dépendra de l'attention que vous lui portez. S'il se sent apprécié, il n'ira jamais voir ailleurs. Si ce n'est pas le cas, vous constaterez rapidement qu'il ne ratera aucune occasion de séduire.

Quel parent est-il ? Il laisse souvent à l'autre le soin de prendre les décisions et il délègue volontiers toute forme d'autorité. Il préfère éviter l'affrontement et peut faire preuve d'un certain laxisme. Vous l'entendrez rarement lever le ton sur ses enfants pour imposer une autorité qu'il ne souhaite pas avoir.

Comment gérer les désaccords ? C'est certainement le signe avec lequel il est le plus facile de gérer les désaccords, et cela pour une raison fort simple : il cherche à s'entendre avec l'autre. Vous trouverez facilement les arguments pour le convaincre... du moment que vous y mettez les formes.

Comment rester amie avec un ex Balance ? Rien n'est plus facile ! Rappelez-lui à quel point vous avez apprécié son charme, sa douceur et sa délicatesse. Si cela n'a pas collé entre vous, ajoutez que vous avez toujours autant d'estime pour lui et que votre amitié survivra quoi qu'il arrive. Pour faire simple, parlez-lui avec des mots choisis.

SCORPION

(22 octobre – 22 novembre)

Portrait général : Avec Pluton, planète dominante de ce signe, l'intensité, la profondeur et la détermination marquent une personnalité dont la puissance de création et de régénération est un modèle du genre. Ce tempérament courageux est capable d'attendre son heure pour exprimer la pleine mesure de sa détermination, de manière à obtenir ce qu'il convoite.

Ses besoins : Le Scorpion vivant surtout à travers l'intensité, les passions doivent se succéder tout au long de son existence.

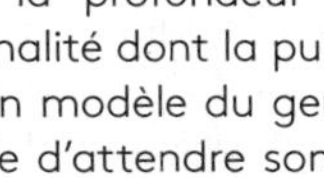

La rencontre

Qualités principales : Sa franchise, sa profondeur, sa spontanéité et sa forte intuition séduisent. Lorsqu'on se connecte avec un Scorpion, on ne peut que se sentir parfaitement en phase avec lui. Il met une passion concentrée dans tout ce qu'il touche, son magnétisme ne laisse jamais indifférent.

Défauts principaux : Il est aussi passionné qu'exclusif et possessif. Ce profil dominant est prêt à tout pour atteindre son objectif. Lorsqu'il est déterminé, rien ne l'arrête. Le rapport de force stimule son agressivité naturelle, ce qui invite à l'aborder avec prudence car, en cas de conflit, il sera plus simple de lui couper la main que de lui faire lâcher sa prise. Il peut être épouvantablement prétentieux. Et c'est le roi des manipulateurs...

Quel type de séducteur est-il ? Le magnétisme de son regard est aussi paralysant que séducteur. Sa profondeur de pensée et son étonnante intuition scrutent le fond de votre âme. Difficile de rester indifférent face à ce fort tempérament qui sait très précisément, dès le premier regard, ce qu'il veut de vous.

Le premier rendez-vous

Comment le séduire ? Laissez-le imaginer que votre attirance amoureuse se traduira par une passion enflammée. N'hésitez pas à jouer la carte de la séduction. La satisfaction de ses besoins physiques est prépondérante à ses yeux.

Ce qui le refroidit : Expliquez-lui que le sexe ne vous intéresse pas beaucoup et que les hommes portés sur la chose vous laissent de marbre. Le paradoxe étant qu'une tenue trop sexy, au lieu de le stimuler, suscite inévitablement une jalousie pathologique.

Les sujets à éviter : Tout ce qui peut créer la polémique (religion, politique, etc.), si vous avez le malheur de ne pas partager ses goûts ; son degré de tolérance est limité vis-à-vis des points de vue qui ne correspondent pas aux siens.

Le lieu : Le plus simple est de le laisser choisir. Il a des idées très tranchées sur ce qu'il aime et ce qu'il déteste. Un serveur peu respectueux va le mettre mal à l'aise, car il est très sensible au respect qu'on lui porte. Si c'est à vous de trouver le restau, choisissez donc de préférence un endroit où le service sera impeccable.

Flûte, c'est pas le bon ! Dites-lui clairement que c'est le pire des amants que vous ayez rencontrés de toute votre existence. Ajoutez que son côté prétentieux, manipulateur et mytho vous indispose de façon épidermique.

Comment transformer l'essai

Pour une nuit ou pour la vie ? Son tempérament passionné et courageux vous rassure, vous séduit, vous enflamme même ? Apportez-lui l'affection dont il a besoin et évitez de le contrarier trop fréquemment : vous partirez ainsi sur de bonnes bases. En revanche, si la perspective de passer le plus clair de votre temps sous la couette finit par vous lasser, si sa susceptibilité permanente vous exaspère, si sa possessivité étouffante vous empêche de respirer, fuyez !

Le sexe : Ne soyez pas surprise : il s'agit là du point central de son intérêt. Son humeur et sa bienveillance dépendront uniquement de votre disponibilité sur le sujet. Attendez-vous à de longues nuits torrides !

L'humour : Son humour est cinglant, parfois blessant, et pique ses interlocuteurs avec une précision diabolique. Il pratique l'humour à froid de manière systématique. Il recherche la faille, le point faible, la zone d'ombre, dans laquelle il s'engouffre avec un plaisir à peine dissimulé.

Les voyages : C'est un passionné qui a ses destinations fétiches. Si l'histoire des civilisations le passionne, vous allez trouver un interlocuteur qualifié qui vous emmènera visiter les recoins les plus inattendus. Si la culture est son maître mot, amusez-vous à prévoir un parcours parfaitement étudié pour qu'il puisse vous faire profiter de son savoir.

Une relation qui évolue

Quel époux sera-t-il ? Il recherche une relation profonde, globalement stable dans laquelle il s'investit pleinement. Mais attention : sa possessivité vous laissera peu de marge de manœuvre pour naviguer en toute liberté. Il aura toujours un œil sur vos fréquentations, et la perspective d'être trompé est un sujet d'angoisse à ses yeux.

Mariage et lune de miel : Concernant le mariage, privilégiez la qualité à la quantité. En clair, vos invités seront des personnages intéressants ou hauts en couleur : leur compagnie le galvanise. Pour la lune de miel, les paysages que vous découvrirez se trouveront plus souvent sous la couette que par monts et par vaux.

Au quotidien : Il apprécie le calme, qui lui permet de laisser exprimer la richesse de son imagination (c'est un signe d'eau), et aime organiser sa vie en fonction de ses priorités. Ses activités l'occupant généralement beaucoup, il aura à cœur de retrouver à la maison quelqu'un qui ne le contrarie pas trop.

Les finances : Il a un sens aigu du pouvoir de l'argent. Il domine le sujet financier et ne supporte pas que les choses lui échappent. Ouvrez plutôt un compte séparé pour éviter d'être totalement sous sa dépendance.

Fidèle ou pas ? Étant donné ses besoins sexuels plus importants que la moyenne, sa fidélité dépendra directement de votre entente au lit. Si vous êtes disponible, aucun problème, sinon, attendez-vous à avoir quelques surprises !

Quel parent est-il ? C'est un parent très investi dans le devenir de sa progéniture. Il est aussi attaché à leur réussite qu'il est intransigeant dans l'éducation qu'il leur transmet. Il projette souvent ses ambitions sur ses enfants et peut se révéler déterminé à leur dicter le chemin à suivre.

Comment gérer les désaccords ? Ce n'est pas une mince affaire ! Gardez cependant à l'esprit qu'avec lui tout se négocie ; du moment qu'il y trouve son compte, vous aurez toutes les chances de trouver une solution. Les enjeux de tension tournent autour de l'argent, du sexe et du pouvoir. Pour le reste, cela devient tout de suite plus facile.

Comment rester amie avec un ex Scorpion ? Commencez par lui rappeler que ce que vous avez vécu ensemble vous a profondément marquée et que vous en conservez des souvenirs heureux. Vous le connaissez suffisamment pour éviter tous les sujets qui fâchent, ne vous y risquez plus, même si cela vous démange. Évitez scrupuleusement tout événement passé désagréable.

SAGITTAIRE

(22 novembre – 21 décembre)

Portrait général : Ce signe de feu aime prendre de l'expansion dans tout ce qu'il touche. Il a besoin de liberté, de mouvement, de s'extérioriser pour se sentir exister. Le symbole du Sagittaire, mi-homme mi-cheval, représente parfaitement cette mobilité permanente. C'est un aventurier dans le sens noble du terme, il aime découvrir, prendre de l'essor. On rencontre chez les Sagittaire de nombreux mécènes.

Ses besoins : Se dépenser physiquement et voir sans cesse de nouveaux horizons.

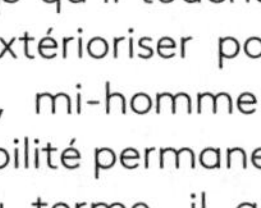

La rencontre

Qualités principales : Il a une veine inouïe ! Ce signe de feu est gouverné par Jupiter, il est donc optimiste et chanceux. Il voit toujours le bon côté des choses, il est chaleureux, jovial, spontané. Son enthousiasme comme sa générosité sont légendaires.

Défauts principaux : Il est parfois impatient, colérique et finalement très changeant. Il ne tient pas en place et se disperse souvent. Son optimisme et son imagination peuvent lui jouer des tours. Il sera tenté par des châteaux en Espagne et des usines à gaz ! Toute faute de savoir-vivre l'exaspère rapidement.

Quel type de séducteur est-il ? Il se voit en chevalier blanc qui rêve d'aller libérer la princesse de son cœur. Il est enthousiaste, spontané, franc et entier. Il s'enflamme généralement très vite et sa générosité n'a d'équivalent que l'intérêt qu'il vous porte.

Le premier rendez-vous

Comment le séduire ? Expliquez-lui que vous aimez les voyages et l'aventure et que toute forme de dépaysement ne vous fait pas peur. Dites-lui aussi que vous êtes curieuse de tout et impressionnée par sa large culture et ses bonnes manières.

Ce qui le refroidit : D'abord la vulgarité et le sans-gêne. Mangez la bouche ouverte et montrez-vous irrespectueuse avec le serveur, soyez négative et pessimiste dans tout ce que vous dites, et il ne renouvellera pas l'entretien.

Les sujets à éviter : Tout ce qui plombe le moral, comme lui expliquer longuement et en détail les différentes étapes de votre déprime chronique, critiquer les autres, lui rabâcher que l'avenir est fichu, se moquer de la religion, remettre en question l'autorité et jouer les anarchistes qui veulent tout chambouler.

Le lieu : Privilégiez les restaurants exotiques et tous les endroits qui évoquent le voyage et les cultures différentes. Il adore la découverte, et son imagination fertile fera le reste. (Il sera toujours heureux de vous raconter de nombreuses anecdotes liées à ses voyages passés.)

Flûte, c'est pas le bon ! Le plus efficace consiste à être systématiquement en retard. Mais la cerise sur le gâteau consistera à vous montrer mal élevée en société. La grossièreté étant définitivement rédhibitoire à ses yeux.

Comment transformer l'essai

Pour une nuit ou pour la vie ? Ses bonnes manières, sa chaleur et sa spontanéité vous donnent envie de poursuivre l'aventure ? Mettez en lumière toutes les énergies positives qui émanent de cette belle personne. Encouragez-le dans ses projets et regardez avant tout le bon côté des choses. Sa susceptibilité et son impatience vous agacent ? Sachez qu'il ne changera pas ! Son besoin de bouger en permanence vous fatigue ? Expliquez-lui que vous ne faites pas partie du même monde, il n'insistera pas.

Le sexe : C'est à ses yeux une activité sportive qui maintient en bonne santé aussi bien sur le plan physique que moral. Il est toujours partant, même s'il est loin d'être obsédé par la chose, ce qui en fait un partenaire facile à vivre dans ce domaine.

L'humour : Il est toujours partant pour une bonne blague tant il est d'humeur joyeuse et bon public. Il est généralement plus doué pour rire des histoires des autres que pour les raconter lui-même. Évitez toutefois l'humour douteux qui choque la morale ou les sujets blessants.

Les voyages : C'est le plus grand de tous les voyageurs. Il pourrait passer son existence entière à explorer la planète tant sa soif de culture et de découverte prime sur tout le reste. Pour information : il n'est jamais aussi amoureux que lorsqu'il est en voyage.

Une relation qui évolue

Quel époux sera-t-il ? Il aime la légalité, il est donc pour officialiser sa relation. Ses engagements sont sincères et il aspire à faire de son mieux pour satisfaire l'élue de son cœur. Respectez son besoin de mouvements permanents et il reviendra naturellement à la maison après s'être dégourdi les jambes.

Mariage et lune de miel : Pour le mariage, vous pourrez voir les choses en grand. Il aime être entouré et n'est pas insensible au fait d'afficher sa générosité. Concernant la lune de miel, ne lésinez pas sur les destinations, voyez grand là aussi, voyez loin.

Au quotidien : Il est agréable à vivre parce qu'il transmet de l'optimisme et de la chaleur ; il serait capable de remonter le moral à un régiment de dépressifs ! Il s'enflamme facilement pour toute forme de nouveauté, ce qui en fait un partenaire motivant qui nourrira votre confiance en vous.

Les finances : Il est d'une générosité sans égal, raison pour laquelle il n'est pas toujours conseillé de lui confier les cordons de la bourse. Cependant, né sous une bonne étoile, il retombe sur ses pieds quoi qu'il arrive.

Fidèle ou pas ? Son appétit d'aventures et de liberté lui permet de faire de nombreuses rencontres. Son besoin de découverte peut l'inviter à aller voir ailleurs si l'herbe n'est pas plus verte. Mais il reviendra toujours à la maison, car il a horreur des complications sentimentales.

Quel parent est-il ? C'est un parent trop généreux avec sa progéniture, espérant ainsi rattraper par des cadeaux ses nombreuses absences. Il est d'une grande bienveillance, mais ne comptez pas sur lui pour remonter les bretelles de vos enfants quand c'est nécessaire.

Comment gérer les désaccords ? La confrontation directe est à éviter, car elle mettra à mal son amour-propre et son orgueil. Communiquez toujours dans le calme et laissez-le évacuer à travers une colère rapide le fond de son ressenti ; il fera ainsi ce que vous attendez de lui.

Comment rester amie avec un ex Sagittaire ? Évoquez à quel point il est merveilleux d'avoir comme ami un noble chevalier toujours prêt à rendre service. Cet idéaliste est sensible à l'image qu'il renvoie : n'hésitez pas à flatter sa personnalité faite de bienveillance et de générosité.

CAPRICORNE

(21 décembre – 20 janvier)

Portrait général : Cet enfant de l'hiver incarne le sérieux et la rigueur. En cohérence avec lui-même, c'est un être concentré, à l'écoute et fiable : il fera toujours ce qu'il dit. Tout ce que l'on entreprend avec lui s'inscrit sur le long terme. On peut lui faire confiance car il dispose d'un grand sens des responsabilités.

Ses besoins : Être maître de son destin et se projeter dans des objectifs durables.

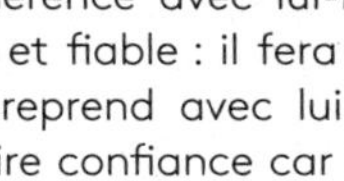

La rencontre

Qualités principales : Il est travailleur, stable et ambitieux. Il sera toujours celui sur lequel vous pourrez compter dans les moments difficiles. Il prendra naturellement l'initiative. Comme le bon vin, il se bonifie avec le temps !

Défauts principaux : Son exigence quelque peu excessive peut le rendre dur, froid, parfois même égoïste. Il ne laisse rien passer. D'ailleurs, son apparence sévère rebute la majorité des gens qui y sont confrontés. Il n'a pas peur du conflit et son attitude combative peut faire fuir ou refroidir. Il a une tendance à la dépression chronique qui peut se répercuter sur son entourage.

Quel type de séducteur est-il ? S'il s'intéresse à vous, c'est forcément du sérieux ! Ne soyez pas surprise s'il vous parle plan de carrière et s'il détaille tous les jalons qui vous mèneront jusqu'à la retraite. Il aime prévoir, ne s'en cache pas et ne tourne pas autour du pot. Sa profonde intelligence et son côté réfléchi peuvent facilement séduire.

Le premier rendez-vous

Comment le séduire ? Faites passer le message que vous êtes d'une fidélité à toute épreuve quand vous êtes engagée dans une relation. Rappelez-lui que la vie n'est pas un long fleuve tranquille et que vous recherchez un partenaire fiable et sécurisant. Le message passera au plus profond de son oreille et, s'il est intéressé, vous le saurez rapidement.

Ce qui le refroidit : Il n'aime ni les paniers percés ni les girouettes qui changent sans cesse d'avis. Évitez de lui dire que vous avez eu des ex nettement plus rigolos, qui eux, au moins, ne se prenaient pas au sérieux et avaient le sens de l'humour !

Les sujets à éviter : Il déteste l'improvisation, les night-clubs, les aventures sans lendemain. Si vous voulez aller plus loin avec lui, ne parlez jamais de ces sujets ni de votre rejet de toute forme d'autorité et de règles à suivre.

Le lieu : Préférez un cadre intimiste, sans musique d'ambiance – ou très légère –, dans lequel vous pourrez vous parler sans être interrompus. Évitez les endroits à la mode ou tape-à-l'œil et globalement tout ce qui paraît artificiel.

Flûte, c'est pas le bon ! Expliquez-lui que la perspective de partager votre vie avec un tel dépressif vous fait hésiter entre ouvrir le gaz et sauter par la fenêtre. Si nécessaire, insistez sur le fait que vous avez besoin d'affection et qu'il n'est pas apte à vous en donner.

Comment transformer l'essai

Pour une nuit ou pour la vie ? Vous vous êtes laissé séduire par ce bloc de granit de fiabilité et d'endurance ? C'est le moment de jouer cartes sur table et de faire ensemble un plan de carrière sur le long terme. À l'inverse, sa libido quasi inexistante ne répond pas à vos attentes et la perspective de vivre dans un monastère vous paraît plus réjouissante que de partager le reste de votre existence à ses côtés ? Alors fuyez, vous économiserez ainsi des années de séances de thérapie.

Le sexe : Vous l'aurez compris, il n'est pas démesurément porté sur la chose. Faites preuve de créativité et d'originalité si vous voulez le stimuler, mais ne vous attendez quand même pas à des miracles.

L'humour : Il sera plus facile de le pincer pour le faire rire plutôt que de lui raconter une bonne blague. Il considère l'humour comme de la légèreté et peut se montrer aussi prude qu'une vierge effarouchée. Prenez le temps de le mettre en condition, il peut se révéler d'un humour incisif et décapant lorsqu'il est d'humeur heureuse.

Les voyages : Il s'accorde peu de moments de plaisir, alors les voyages doivent être organisés minutieusement de façon qu'il n'ait pas l'impression de perdre son temps. Essayez de joindre l'utile à l'agréable en remplaçant les journées sur la plage par des visites culturelles qui auront l'avantage de retenir son attention.

Une relation qui évolue

Quel époux sera-t-il ? Il sera le plus honnête, stable, régulier et fiable de tous les partenaires. Certes, ce ne sera pas tous les soirs la rigolade, mais vous pourrez compter sur cette solide épaule pour vous accompagner jusqu'à la fin de vos jours. C'est une très bonne pioche si vous recherchez la stabilité.

Mariage et lune de miel : Avec lui, vous ne vous ruinerez pas en fêtes fastueuses, il est peu sensible aux apparences et a horreur du gâchis. Pour votre lune de miel, choisissez une destination qui vous plaît à tous les deux, mais qui ne sera pas au bout du monde, de manière à lui permettre de rentrer d'urgence si ses activités professionnelles le nécessitent.

Au quotidien : S'il se révèle d'une fiabilité à toute épreuve, il est également capable de gérer d'une main de maître l'organisation de la vie au quotidien. Oubliez les soirées arrosées jusqu'à point d'heure : vous le verriez piquer du nez à mesure que le soleil se couche.

Les finances : Nous avons ici l'un des plus doués, des plus talentueux de tous les gestionnaires. Il gérera les finances comme un orfèvre et fera plein de petits à vos économies. C'est en confiance que vous pourrez lui donner les clés du coffre et la gestion de vos comptes.

Fidèle ou pas ? N'étant pas le roi de la cabriole, une fois qu'il a trouvé chaussure à son pied, il ne va pas voir ailleurs. Il a cette force de caractère pour résister à toutes les sollicitations qui se présentent sur son chemin. Il est connu pour son grand sens du devoir.

Quel parent est-il ? C'est un parent très exigeant. Il transmettra les valeurs de sérieux et de travail avec détermination. Il gagnerait à se montrer plus affectueux et plus encourageant. Avec l'âge, fort heureusement, il devient un parent plus permissif et plus tolérant. Il devient même un modèle pour ses enfants.

Comment gérer les désaccords ? Évitez de le prendre de manière frontale, car il se fermera comme une huître et tranchera dans le vif en coupant toute forme de discussion. À l'inverse, et même si cela demande un certain effort en cas de conflit, ne lésinez pas sur votre talent de diplomate pour conserver son oreille en vous appuyant sur des éléments logiques, factuels et de bon sens. Seule condition pour trouver un accord : éviter qu'il se braque.

Comment rester amie avec un ex Capricorne ? Rappelez-lui avant toute chose l'estime que vous avez toujours eue pour son sérieux, son honnêteté et son sens des responsabilités. Si vous partagez une passion, essayez de vous concentrer dessus sans vous épancher sur la vie que vous menez sans lui.

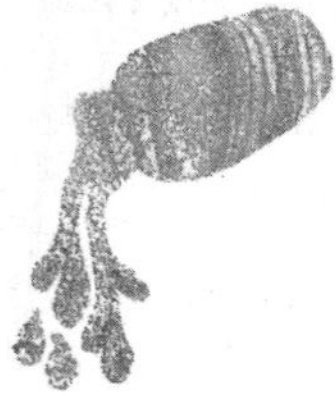

VERSEAU

(20 janvier – 20 février)

Portrait général : Il a un contact très aisé et lie des amitiés facilement. Uranus gouverne en maître ce signe : il a besoin de se démarquer, de projeter de lui une image originale, créative, qui sort des sentiers battus. Saturne, qui représente le temps, la prise de conscience, est également très puissant, ce qui le rend capable d'une rigueur et d'une détermination surprenantes.

Ses besoins : Être libre comme l'oiseau et s'entourer de nombreux amis.

La rencontre

Qualités principales : Il a un profond sens de l'amitié et nourrit une humilité et une simplicité qui le rendent tout de suite sympathique. Son besoin d'indépendance atteste qu'il ne sera pas envahissant. Il a l'esprit ouvert et cultive une certaine philosophie de la vie.

Défauts principaux : Cet oiseau sur la branche s'éloigne dès qu'on l'approche et revient si on l'évite. Son originalité l'isole et il supporte difficilement toute sorte de contraintes. Ses relations avec l'argent sont complexes : il a la réputation d'être peu dépensier.

Quel type de séducteur est-il ? Sa capacité à créer un lien d'amitié le rend terriblement attachant, il vous séduit sans même que vous en preniez conscience. Attention, il donnera le même ressenti de proximité avec tous ceux qu'il fréquente ; vous ne serez donc pas la seule à profiter de ses charmes.

Le premier rendez-vous

Comment le séduire ? Rentrez dans son jeu et cultivez vous aussi votre côté relationnel. Faites passer le message que votre besoin de liberté est essentiel et que vous n'avez aucun objectif de possessivité ni d'exclusivité le concernant. Pour enfoncer le clou, insistez sur le fait que, pour vous, rien n'est plus important que l'amitié amoureuse.

Ce qui le refroidit : Il ne supporte ni l'agressivité ni les esprits étroits. Encore moins les paniers percés ! Si vous n'êtes finalement pas intéressée, vous n'avez qu'à exprimer votre envie de relations exclusives et passionnées, et il vous tournera le dos.

Les sujets à éviter : Il est généralement opposé à toute forme de dogmatisme. Son attirance pour la philosophie l'incite à éviter les discussions fermées et les interlocuteurs obtus.

Le lieu : Sélectionnez judicieusement l'endroit le plus original et le plus atypique. Idéalement, un restaurant ou un bar où la population sera le plus hétéroclite possible. Un point important : débrouillez-vous pour que l'addition, s'il vous invite, ne soit pas trop chère !

Flûte, c'est pas le bon ! En général, il sera déjà parti avant même que l'idée de le quitter vous ait traversé l'esprit. Cependant, s'il insiste pour continuer votre relation, expliquez-lui que son instabilité chronique ne correspond pas à vos attentes. Et faites donc un commentaire sur sa radinerie pathologique !

Comment transformer l'essai

Pour une nuit ou pour la vie ? Vous avez jeté votre dévolu sur cet oiseau rare, et si vous lui laissez un espace pour respirer, soyez certaine que vous pourrez en faire un partenaire pour la vie. Si, au contraire, sa tendance instinctive à la fuite dès la moindre évocation d'engagement atteste qu'il ne pourra jamais vous sécuriser comme vous le souhaiteriez, alors laissez-le filer.

Le sexe : C'est le *sex friend* idéal : celui qui partage des moments d'intimité, parfois intenses et souvent originaux et créatifs. Vous l'aurez compris : vous ne vous ennuierez pas. Mais, on l'a vu, l'exclusivité l'angoisse. Son besoin de liberté est tel qu'il pourrait bien être tenté par d'autres découvertes.

L'humour : Son proverbe préféré : « On peut rire de tout, mais pas avec tout le monde. » C'est donc un joyeux luron qui aime partager de bons mots et affectionne l'humour sous toutes ses formes avec, malgré tout, la prudence de ceux qui évitent les reparties blessantes.

Les voyages : Il fait partie des partenaires privilégiés avec lesquels il est plaisant de voyager. Il aime autant la découverte que la liberté, et son besoin d'évasion vous permettra d'envisager toutes les destinations – de préférence, celles qui sortent des sentiers battus.

Une relation qui évolue

Quel époux sera-t-il ? L'expérience vous a démontré que la viabilité d'un couple est meilleure quand on prend soin de cultiver de manière simultanée l'amour et l'amitié. Si telle est votre ambition, vous avez ici le partenaire idéal pour y parvenir. Toutefois, pour le garder, n'oubliez jamais son appétit pour la liberté.

Mariage et lune de miel : Pour le mariage ? Préparez-vous à inviter une liste de copains aussi longue qu'un jour sans pain. Il cultive depuis toujours de nombreuses amitiés et ce sera pour lui l'occasion de réunir une quantité étonnante de profils différents. La lune de miel ? Cherchez comment partir loin pour pas trop cher et vous ferez un heureux ! Rassurez-vous, les conditions de confort sont rarement sa priorité.

Au quotidien : C'est avant tout l'ami avec qui on peut parler de tout sans arrière-pensée. Son ouverture d'esprit et sa tolérance en font un modèle du genre, ce qui le rend très agréable à vivre. Ne soyez toutefois pas surprise si son besoin régulier d'aller s'oxygéner sans la moindre contrainte fait partie de ses priorités.

Les finances : L'argent est rarement un sujet de préoccupation majeure en ce qui le concerne – il s'intéresse peu au sujet. En revanche, même si ses besoins sont modestes, il se révèle extrêmement prudent en matière de dépenses. Il est parfois possible que ses amis l'appellent « la pince » malgré toute l'affection qu'ils lui portent.

Fidèle ou pas ? Comme c'est fréquemment le cas avec les signes d'air, son besoin de renouveler son environnement relationnel l'invite à développer de nombreuses amitiés amoureuses. Un câlin vite fait avec une tierce personne ne lui fera jamais peur !

Quel parent est-il ? Là encore, c'est le parent que les enfants adorent. Il est original, créatif, et en même temps déteste faire preuve d'autorité et de pouvoir. Dans ces conditions, il privilégie chez ses enfants la pleine expression de leur personnalité.

Comment gérer les désaccords ? La première des règles pour s'entendre avec lui est de ne pas lever le ton. Il évite les rapports de force et l'agressivité. Du moment que cela n'empiète pas sur sa sacro-sainte liberté, et que cela ne vide pas son porte-monnaie, il est généralement facile de régler les problèmes avec lui.

Comment rester amie avec un ex Verseau ? Vous venez de mettre la main sur l'oiseau rare, celui qui reste ami avec ses ex. Deux points à surveiller très attentivement pour conserver son amitié : ne recherchez pas une affection exclusive et, surtout, évitez de lui emprunter de l'argent.

POISSONS

(20 février - 20 mars)

Portrait général : C'est un signe d'eau, gouverné par Neptune, Vénus et Jupiter. Il projette une image de douceur et de souplesse, de gentillesse et de délicatesse. En un mot, c'est l'incarnation de l'abbé Pierre ! Il est assez fréquent que tous les chiens abandonnés se refilent son adresse tant son empathie est surdimensionnée.

Ses besoins : Laisser libre cours à la richesse de son imaginaire et se sentir utile pour ceux qu'il aime.

La rencontre

Qualités principales : Il est d'une profonde sensibilité, à l'écoute, et avec cette envie de bien faire. Son imagination fertile est précieuse pour vous remonter le moral dans les moments difficiles. Il absorbe également les mauvaises énergies de ceux qui l'entourent avec l'art de ne pas donner prise. Sa présence est apaisante.

Défauts principaux : Sa vie est un rêve éveillé, il est dans les nuages, souvent ailleurs, ce qui en fait un cas d'école en matière de mythomanie : son imagination, débordante, crée une espèce de flou entre rêve et réalité. Il a toujours un château en Espagne comme projet fumeux et irréaliste, évitez alors de le suivre dans ses délires. Si vous repérez assez tôt qu'il a le gosier en pente, fuyez à grandes enjambées.

Quel type de séducteur est-il ? Il est d'une délicatesse exquise. Son oreille absorbe toutes vos confidences et il n'a pas son pareil pour vous comprendre. Comment résister à cette douceur envahissante qui s'accroche à vous comme le lierre à son rocher ?

Le premier rendez-vous

Comment le séduire ? C'est un romantique dont les sentiments idéalisés ont besoin d'être entretenus par des perspectives heureuses. Si vous répondez à ses besoins, il se sentira utile et heureux de vous faire plaisir en retour.

Ce qui le refroidit : Soyez fermée comme une huître, ne réagissez à aucune de ses tentatives de rapprochement émotionnel et affectif, montrez-vous exigeante, froide et sèche, et votre relation aura peu d'espoir de se prolonger. Concluez par ces mots : « En ce qui me concerne, je suis sobre comme un chameau… »

Les sujets à éviter : Si vous êtes en passe de le conquérir, bannissez de vos conversations tout ce qui est pratique : la compta, les impôts, les points de retraite, etc. Les contraintes du quotidien et, généralement, tout ce qui est anxiogène lui donnent des boutons.

Le lieu : Le natif des Poissons n'attache aucune espèce d'importance aux lieux, puisqu'il sera dans tous les cas sur son nuage. Une musique douce et un cadre apaisé lui permettront de s'épancher davantage.

Flûte, c'est pas le bon ! Si vous êtes très terre à terre, si vous formulez que les sentimentaux sont des faibles qui ne réussiront jamais à rien, il se sauvera. Et si vous lui faites une remarque sur ses incohérences, vous ne le reverrez pas.

Comment transformer l'essai

Pour une nuit ou pour la vie ? Sa douceur et sa bienveillance vous séduisent, vous avez trouvé le nounours qui vous tiendra chaud l'hiver et vous suivra docilement dans toutes vos aventures ? Alors faites le premier pas, et ne laissez pas une autre profiter d'une si belle opportunité ! En revanche, si ce rêveur passif et parasite vous indispose, congédiez-le sans regret.

Le sexe : Il est peu contrariant sur le plan sexuel. Mais il a l'esprit créatif et son imagination est fertile. Il adore expérimenter et peut se montrer d'une audace étonnante. Laissez-le vous révéler ses fantasmes enfouis et vous pourriez éprouver de délicieuses surprises.

L'humour : Il dispose d'une cargaison de blagues et d'anecdotes. Les sujets qu'il aborde peuvent être aussi déroutants qu'au-dessous de la ceinture : il confesse avoir une affection toute particulière pour les histoires un peu salaces. Ayez le cœur bien accroché !

Les voyages : Cet aventurier dans l'âme est perpétuellement en voyage... surtout dans sa tête ! Il sera ouvert à toute expédition dépaysante et, s'il est dans les nuages durant vos déplacements, c'est tout simplement qu'il est heureux. S'il est toujours partant, ce sera en revanche le plus souvent à vous de prendre les initiatives.

Une relation qui évolue

Quel époux sera-t-il ? Il est très attentif à l'autre et sait se montrer à l'écoute tout en étant délicat et respectueux. Il est peu dominant, raison pour laquelle il vous sera conseillé de prendre les rênes lors de projets communs.

Mariage et lune de miel : Rappelez-lui tout de même, le jour du mariage, au cas où son esprit aurait été dissipé, que c'est bien le jour J ! Ce qui vous conviendra lui fera plaisir : il est peu contrariant. La destination idéale : une qui le fait rêver et qui pourra faire travailler son imaginaire. N'oublions pas que c'est un sentimental qui veut d'abord se sentir proche de celle qu'il aime – peu importe le flacon pourvu qu'on ait l'ivresse.

Au quotidien : Il est facile à vivre et a envie de vous faire plaisir. Il a une sainte horreur des conflits, ce qui l'incite à vous donner facilement raison pour avoir la paix. Ne comptez pas trop sur lui pour l'organisation : il est le seul à savoir où sont rangées ses affaires au milieu des dossiers qui s'empilent.

Les finances : Il pourrait bien avoir tout dilapidé dans une succession de projets pharaoniques (qui n'ont aucune chance d'aboutir), et ne sera donc jamais un modèle d'économie. Mieux vaut lui laisser un accès limité aux finances du ménage, ce qui vous évitera les désagréments d'une mauvaise surprise. Attention, éloignez-le des salles de jeux, elles ne lui ont pas souvent rapporté gros.

Fidèle ou pas ? S'il est infidèle, ce sera essentiellement en pensée. Très imaginatif, il préfère fantasmer que de passer à l'acte. Si jamais il se laissait tenter, vous le repéreriez facilement, car il entrerait dans des explications à dormir debout qui ne laisseraient aucun doute sur ses incartades.

Quel parent est-il ? Il sera doux, attentionné, se dévouera pour sa progéniture. Qui n'a jamais rêvé pour parent d'un être aussi généreux, à l'écoute, prêt à se sacrifier et à donner sa chemise pour ceux qu'il aime ?

Comment gérer les désaccords ? Ce qui est pratique avec le natif des Poissons, c'est qu'il est peu contrariant. Il vous laissera exposer votre point de vue et évitera de se mouiller ouvertement. « Courage, fuyons » est souvent sa manière de régler les désaccords. Il suffit alors de laisser passer l'orage et, tacitement, chacun passera à autre chose.

Comment rester amie avec un ex Poissons ? Laissez-le vous raconter en détail ses projets nébuleux du moment sans chercher à lui démontrer qu'il y a une certaine confusion dans leur réalisation. Partagez avec lui une bonne bouteille, ce sera toujours un moment très agréable où vous éprouverez momentanément ce ressenti de proximité qui est aussi rare que précieux.

III.

Les combinaisons *entre* signes

Bien évidemment, il faut intégrer qu'un signe solaire ne suffit pas à calculer une bonne compatibilité. Souvenons-nous que nous pouvons nous entendre avec l'autre et les autres sur différents plans. Une vie sociale commune s'harmonise ou se confronte en fonction de nos ascendants. Puis nous visons des objectifs existentiels au regard de nos signes solaires, et, le plus important, la position de la Lune, qui sera un précieux indice pour définir la pérennité d'une relation de couple dans le quotidien. Le descriptif ci-après est une piste qui n'est pas suffisante pour en tirer une analyse définitive, mais qui peut toutefois vous donner une coloration d'ensemble.

INDEX DES COMBINAISONS AMOUREUSES

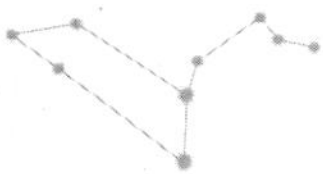

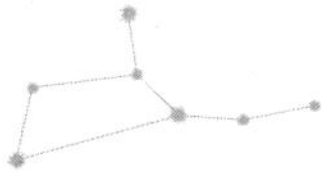

Lion

Vierge

Balance

Scorpion

Sagittaire

Capricorne

Verseau

Poissons

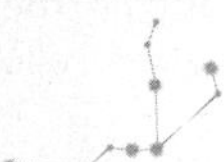

Bélier

Bélier / Bélier

Ce sont deux dominants, deux tornades, faits pour les passions à court terme. Le jour où ils sont en confrontation, leur relation s'arrête aussi vite qu'elle a commencé. Doit-on préciser qu'un couple formé de deux ego ne peut pas marcher sur le long terme ? En revanche, ils forment un duo formidable quand ils ont dans le collimateur un adversaire en commun.

Bélier / Taureau

Voilà deux profils très différents. Même s'ils sont tous les deux des têtus, le Bélier crée l'initiative, le Taureau maintient la stabilité. Le Taureau a cette capacité d'encaisser les coups, il ne faudrait pas que le Bélier en profite ! Dans le couple, le Bélier est moteur, c'est un rapide, un impatient, tandis que le Taureau est plus lent. Il a besoin de se poser et en a vite assez de voir son Bélier changer d'avis pour un oui ou pour un non, être tout feu tout flammes. Le feu brûle la terre, dit-on, le feu, c'est le Bélier, un colérique, le Taureau, c'est la terre : attention, si on lui crie dessus, il n'y aura plus rien à en tirer. Leur relation ne sera pas simple au quotidien. Mais un *modus vivendi* peut s'instaurer.

Bélier / Gémeaux

Quelle belle association ! Deux éléments de printemps, tout feu tout flammes : le feu du Bélier qui fonce bille en tête et qui amorce tout, face aux Gémeaux, les caméléons, qui adorent le renouveau et s'adaptent parfaitement. Mais combien de temps ? Face à un Bélier, prenez garde, les Gémeaux peuvent soudain sortir de l'adolescence et chercher à s'affirmer. Il ne faut peut-être pas parier sur une relation à long terme avec ces deux-là, mais avec une bonne communication, elle peut fonctionner.

Bélier / Cancer

Soyons francs, c'est une combinaison parmi les plus complexes qui soient. Le Bélier est, on l'a vu, tout feu tout flammes. Le Cancer est plutôt « tisane et chaussons ». Tout cela commence mal. D'autant que le Cancer se renferme dans sa coquille dès qu'une parole l'a blessé. Fréquemment, des femmes Bélier se plaignent de leur Cancer de mari, le traitant de « bonnet de nuit », ce qui est, hélas, la triste réalité ! Ce n'est pas une combinaison vers laquelle j'incite à aller naturellement, mais il y a parfois de bonnes surprises.

Bélier / Lion

Les deux plus gros ego de la création sont ici confrontés ! Il n'y a jamais deux coqs dans la même basse-cour, dit-on. Ces deux-là sont de grands consommateurs, ils aiment le flamboyant, vivre dans l'immédiateté, veulent ce qu'il y a de plus beau, de plus cher, de plus tape-à-l'œil. S'ils ont le moindre problème financier, leur vie sera très difficile. S'ils sont sécurisés de ce côté-là, leur couple pourra trouver un équilibre durable, une fierté, une estime mutuelle. Mais souvent, l'un des deux voudra prendre le leadership, leur vie ne sera alors que rapports de force. Cette combinaison débouche malheureusement sur le plus gros taux de divorces, mais parfois aussi les plus belles passions.

Bélier / Vierge

C'est un couple qui peut durer à la condition d'avoir une vie professionnelle distincte. Ils se complètent alors plutôt bien. Mais, la plupart du temps, cette combinaison a bien des failles : le Bélier est un fonceur qui déstabilise la Vierge au naturel sage, tranquille, elle qui veut réduire sa marge d'erreur au maximum. Le Bélier vole dans les plumes, se précipite, ne se préoccupe pas des dommages collatéraux. C'est un signe de feu, la Vierge, un signe de terre ; or, comme le dit l'adage, « le feu brûle la terre ». Le Bélier voudra toujours avoir raison, la Vierge se taira une fois, deux fois puis finira par le quitter. Je ne miserais pas beaucoup sur cette relation, à moins que le Bélier fasse des progrès en matière de diplomatie.

Bélier / Balance

Quelle combinaison formidable ! On le sait, les opposés s'attirent. Or, le Bélier décide de tout tandis que la Balance accepte tout ou presque, du moment qu'on ne lui demande pas d'être décisionnaire. Leur relation peut durer *ad vitam aeternam*. La Balance est une partenaire idéale, pas très moteur, soit, un peu passive, d'accord, mais parfaite pour le Bélier qui n'attend que ça, du moment qu'il prend le leadership sans être contrarié. Leur entente est optimale.

Bélier / Scorpion

Leur vie de couple est un roman. Ils ne sont heureux que lorsqu'ils ont un ennemi en commun. À ce moment-là, ils font équipe pour abattre l'ennemi et forment une paire de partenaires formidablement efficace. Sinon, c'est une guerre permanente, un rapport de force constant : chez eux, tout se négocie. Le Bélier déborde d'idées tandis que son Scorpion l'attend au tournant. Au fond, l'un éveille en l'autre ce qu'il a de plus animal. Ces deux profils combattants auront une relation passionnelle, à éclipse mais éreintante.

Bélier / Sagittaire

Une combinaison feu-feu. D'un côté, le caractère frontal du Bélier, de l'autre, le Sagittaire exaspéré par celui qu'il considère comme un gougnafier. Le Bélier n'est en effet pour lui qu'un éléphant dans un magasin de porcelaine. Quant au Bélier, il trouve le Sagittaire épouvantablement snob et maniéré. Cette combinaison peut pourtant fonctionner s'ils ont des perspectives de voyages, s'ils laissent à l'autre une grande liberté dans le couple, si chacun est capable d'avoir des objectifs personnels à l'extérieur de leur foyer. Ils sont tous deux de grands dépensiers, mais s'ils n'ont pas de problèmes d'argent, leur relation peut tenir. Dans le cas contraire, ce sera le principal souci, celui qui provoquera de grosses crises. Que dire ? C'est une combinaison qui « marchouille ». Mais le risque de friction est assez important : ce sont deux colériques.

Bélier / Capricorne

Voici une combinaison qui n'est pas de tout repos ! D'un côté le Bélier, le feu agressif du mois de mars-avril, du printemps, de l'autre le Capricorne, le froid hivernal, celui qui ne se laisse pas faire. Ce sera le combat de deux irréductibles. Comme pour le Bélier avec le Scorpion, il faut qu'ils aient une ambition partagée, un ennemi commun à abattre, car ce sont avant tout deux guerriers. Entre eux, c'est donc une guerre de tranchées, une guerre de position, une guerre d'obstination. Une bataille permanente pour avoir le dernier mot, pour savoir qui décidera, pour déterminer qui aura l'ascendant sur l'autre.

Bélier / Verseau

Voilà une combinaison amusante. Si elle marche si bien, c'est d'abord grâce à l'association feu-air. Le Bélier fonce et le Verseau suit, il n'est ni contrariant ni dominant. Attention tout de même, le Verseau refuse qu'on l'envahisse. Si le Bélier lui laisse toute latitude pour aller se balader et prendre un peu l'air, tout se passera au mieux. Si le Bélier devient possessif, c'est la mort de leur couple. En revanche, le Verseau peut laisser son Bélier hurler autant qu'il le souhaite, cela ne portera pas à conséquence, mais rentrera par une oreille et ressortira par l'autre. Le Verseau a une qualité, il sait ne pas se prendre au sérieux.

Bélier / Poissons

Si cette relation fonctionne bien, c'est grâce aux Poissons qui encaissent tout, même l'inenvisageable. Le Bélier décide, le natif des Poissons suit. Ce dernier est, rappelons-le, une Mère Teresa en puissance, avec un côté victime, une abnégation sidérante. Le Bélier pourrait même se nourrir de sa gentillesse. Autre grand avantage, les Poissons ont naturellement la capacité d'arrondir le Bélier, de le rendre moins dur. Alors, pourquoi pas ?

Taureau

Taureau / Taureau

Ils adorent leur confort, se faire plaisir, prendre leur temps. Ce sont des êtres tranquilles qui vivent ensemble en harmonie. Deux sensuels, deux jouisseurs qui aiment le calme. Attention tout de même : ces deux tempéraments cultivent une tendance à la possessivité. Ils sont de grands sensibles qui peuvent aussi ne plus se comprendre face à certaines situations. Ils vont alors s'enfermer, ne plus du tout communiquer et vivre parallèlement avec des rancœurs épouvantables. Ils n'oseront plus aller l'un vers l'autre : leurs griefs seront trop enkystés. Pourtant, ce couple peut marcher s'il se parle, s'il a des rapports physiques, s'il se touche. Ces deux sensuels pourront enfin s'apaiser, vivre leur réconciliation sur l'oreiller.

Taureau / Gémeaux

Connaissez-vous la carpe et le lapin ? Ces deux-là en sont un bon exemple ! Tandis que le Taureau ne rêve que de stabilité, de foyer, de racines, les Gémeaux, toujours tout feu tout flammes, rêvent d'ailleurs. Ils peuvent s'ennuyer ferme avec le Taureau qui est bien trop sédentaire pour eux. De plus, les Gémeaux sont volages, une caricature d'infidèle ; le Taureau doit s'attendre à se voir pousser des cornes ! Le voilà prévenu : s'il veut vivre une relation durable avec son natif des Gémeaux, il devra faire preuve d'abnégation et accepter son immense besoin de liberté et son insatiable curiosité.

Taureau / Cancer

Encore une très belle combinaison, le mélange terre et eau, celui qui fait partie des plus féconds. Il donne une relation fiable et harmonieuse. Le côté pratique du Taureau et la sensibilité du Cancer forment un assemblage idéal. Ils deviendront des parents bienveillants, intuitifs, posés, tactiles, feront tout ce qui est en leur pouvoir pour s'entendre. On ne s'amusera pas beaucoup, les deux préférant la tisane et les pantoufles aux nuits blanches, mais ils seront heureux !

Taureau / Lion

Leur relation sera difficile. Ce sont deux tempéraments forts, puissants, qui n'aiment pas être dominés et veulent avoir le dernier mot. Tous deux peuvent camper des heures sur leur position. Et toujours ce feu du Lion qui brûle la terre du Taureau. Le résultat est classique : si on contrarie le Lion, il monte en volume. Si on hurle contre le Taureau, il se claquemure. Une combinaison complexe. Ce qui les rassemble ? Leur goût prononcé pour les bonnes choses de la vie.

Taureau / Vierge

Ce sont tous deux des signes de terre. Ils sont donc solides et constants. S'ils décident de monter ensemble une affaire, ce sera toujours gagnant. La Vierge a un côté écureuil, le Taureau, un côté jouisseur : il faut seulement trouver un équilibre. Mais globalement, cette combinaison fonctionne bien. Tous deux ont une grande envie de stabilité, aucun besoin de signes extérieurs de richesse, ils ne font pas de cinéma. La Vierge, toujours inquiète, doit se sentir rassurée et le Taureau, toujours bonhomme, est capable de lui donner l'apaisement dont elle a besoin.

Taureau / Balance

C'est encore une très belle combinaison. Deux signes gouvernés par Vénus : ils aiment le calme, l'harmonie, l'amour, la douceur, la souplesse, la gentillesse. Il n'y a qu'un problème : la Balance souffre parfois d'un certain manque de liberté. Le Taureau, lui, ne comprend pas ce manque. Puisque le bonheur est là, pourquoi aller voir ailleurs ? Or, la Balance a besoin d'air (c'est même son élément). Si le Taureau n'y prend pas garde, elle peut s'ennuyer, voire étouffer. Et prendre la poudre d'escampette avant même que le Taureau ait pu réaliser ce qu'il se passe !

Taureau / Scorpion

Sexuellement, c'est le couple parfait. Le Taureau est un sensuel et le Scorpion... ne pense qu'à ça ! L'alchimie entre eux est électrique, les sens, multipliés. En revanche, leur vie est une négociation permanente sur à peu près tous les autres sujets. Chaque discussion est un rapport de force, leur vie est une longue et interminable négociation. Et puis, le soir venu, ils se réconcilieront sous la couette ! Le lendemain, l'affrontement sera de retour. Épuisant ! C'est vraiment le couple des grandes passions, de celles qui vous marquent à vie.

Taureau / Sagittaire

Curieusement, c'est une des seules combinaisons terre-feu qui fonctionne bien. Le Taureau apporte une stabilité, un certain hédonisme, tandis que le Sagittaire est un positif. Il apporte au Taureau cet optimisme, cette chaleur qui peut lui manquer. Le Sagittaire monte parfois le ton, mais le Taureau l'accepte car cela ne dure jamais longtemps. Il a compris que son Sagittaire est un gentil « soupe au lait », bienveillant et généreux. Le hic : le côté bonnet de nuit du Taureau ! Le Sagittaire peut s'en agacer et aller gambader ailleurs voir si l'herbe n'est pas plus verte...

Taureau / Capricorne

Deux signes de terre, deux têtes à cornes. C'est incroyable ce que les Capricorne adorent les Taureau ! Ils trouvent en eux une stabilité, une paix, un confort, une affection qui les rassurent follement. Ils s'y attachent comme le lierre à son rocher. Pourtant, le Capricorne est dur, sec, intransigeant, combatif, c'est un signe d'hiver. Mais si le Taureau le trouve un peu froid, pas toujours très affectueux, pas toujours drôle et pas très jouisseur, il apprécie son côté sécurisant : le Capricorne passe en effet sa vie à travailler. Pour le Taureau, ce sera 60 % de plaisir et 40 % d'effort, pour le Capricorne, ce sera l'inverse : une combinaison formidablement durable et stable. Ensemble, ces deux signes sont très doués pour construire, pour accumuler des biens, ils peuvent même réaliser un patrimoine important.

Taureau / Verseau

C'est une combinaison sympathique mais plus complexe qu'il n'y paraît. Le Taureau est très stable et plutôt possessif, le Verseau, très « air », c'est un oiseau sur la branche. Le Taureau passe sa vie à essayer de lui mettre la main au collet, mais le voilà déjà parti à dix mille kilomètres. Pour le Verseau, un peu de stabilité, c'est bien, beaucoup, c'est trop. Il n'aime pas qu'on l'envahisse. Mais aucun d'eux n'est un signe agressif, il n'y aura jamais de conflits ouverts. Tout est en demi-teinte. Le Taureau voudrait seulement un Verseau plus présent et il s'entend répondre : « Oui, oui, peut-être, plus tard, promis. » Un jeu du chat et de la souris qui pourtant résiste au temps.

Taureau / Poissons

La plus magnifique des combinaisons. La terre et l'eau, l'esprit concret du Taureau, l'imagination des Poissons. Ces derniers ont le talent de faire émerger ce qu'il y a de meilleur chez le Taureau : son sens pratique – extrêmement développé –, sa capacité à se détendre, à exprimer son affection, sa douceur... Le Taureau apporte une détermination, un axe, une bienveillante stabilité aux Poissons qui y trouvent leur écho. Que peut-on ajouter ? Ils sont très heureux ensemble. Le natif des Poissons ne sait rien refuser à son Taureau qui parvient à lui faire faire tout ce qu'il veut sans donner l'impression de l'avoir demandé.

Gémeaux

Gémeaux / Gémeaux

Et voilà nos éternels ados ! Avec ces deux-là, aucun risque de s'ennuyer. Le seul danger : qu'ils entrent dans la spirale des reproches réciproques dont ils auront beaucoup de mal à sortir, c'est leur point faible. On aime leur côté taquin, leur facilité à communiquer, leur curiosité, leur envie de bouger. Leur vie intellectuelle est très riche, ils ont beaucoup d'amis en commun, une vie sociale stimulante. Et toujours cette impression de voir en l'autre son alter ego, son jumeau. Mais c'est là que le bât blesse : qui a envie de voir en l'autre ses propres défauts ? Les histoires de ces deux signes de printemps sont en général marquantes, mais pas toujours pérennes. Parfois, c'est à celui qui ira voir ailleurs le premier. Mais quoi qu'il en soit, leur relation demeurera une expérience stimulante.

Gémeaux / Cancer

Un éternel adolescent face à une « tisane-chaussons » qui ne dit pas toujours ce qu'il pense : j'ai peur que la relation soit compliquée, le risque étant une profonde incompréhension mutuelle. Ces deux tempéraments ne sont pas agressifs, même si les Gémeaux peuvent s'avérer taquins, joueurs et même un peu polémistes. Je ne miserai pas sur ce couple-là, particulièrement lorsque naissent des enfants : la mère Cancer sera alors bien moins portée sur le sexe que le natif des Gémeaux, qui, lui, ne pense qu'à ça et jouera souvent le rôle d'un enfant supplémentaire au sein du couple.

Gémeaux / Lion

Un couple magnifique ! Le natif des Gémeaux est un flatteur, un grand baratineur, il dira au Lion absolument tout ce qu'il a envie d'entendre, qu'il est le plus beau, le plus magnifique de tous. Par effet rebond, le Lion verra en son partenaire Gémeaux un être merveilleusement clairvoyant puisqu'il a à ce point conscience de cette évidente réalité. Le Lion prend naturellement le leadership et les Gémeaux, tel un poisson-pilote, lui emboîtent le pas et glissent la goutte d'huile dans les rouages lorsque c'est nécessaire. Le dominant et son caméléon ont de beaux jours devant eux si chacun trouve sa juste place.

Gémeaux / Vierge

Ils se parlent en permanence, ont toujours des choses à se raconter. Les idées fusent, les projets jaillissent, à eux deux, ils forment un concentré d'intelligence. Si ce sont de purs intellectuels, il demeure un risque : leur histoire, c'est *La Cigale et la Fourmi*. Le natif des Gémeaux, c'est la cigale, celui qui bouge tout le temps, qui se moque de l'argent, car il lui glisse entre les doigts ; à ses yeux, demain est un autre jour. La Vierge est la fourmi et ne l'entend pas de cette oreille. Tout cela engendre une suite de conflits, ce que j'appelle « la spirale des reproches réciproques » qui finit mal, en général. Dommage parce que, intellectuellement, ces deux-là s'accordent parfaitement.

Gémeaux / Balance

J'adore cette combinaison ! On peut en faire les meilleurs amis du monde. Deux profils non dominants qui ont besoin de contacts, de charmer, de bouger, de voir de nouvelles têtes, ce sont deux mondains. Ils aiment recevoir, sortir, mais ce sera rarement passionnel. Leur relation est quelque peu abstraite et dérive très vite vers de l'amitié amoureuse. Aucun des deux ne prend de décisions, car ils sont très à cheval sur leur indépendance. S'ils peuvent cohabiter intelligemment, la Balance a tendance à se sentir un peu isolée quand les Gémeaux vont voir ailleurs. Mais si la première respecte – et accepte – la liberté des seconds, ils peuvent être très heureux ensemble, entourés de nombreux amis.

Gémeaux / Scorpion

Sur le plan intellectuel, c'est une combinaison très intéressante. Le Scorpion a une forte sensualité, une forte sexualité, qui amuse un temps les Gémeaux. Il ne faut cependant pas que cela soit trop répétitif, ces derniers pourraient se lasser. Leur relation est plus complexe sur la durée : en effet, le Scorpion est un manipulateur, un dominant. Ce caméléon de Gémeaux va se sentir bien vite étouffé. Mais son côté rusé, adaptable, lui permet aussi de ne pas se faire piquer par le dard de ce satané Scorpion ! Tel le poisson-clown, les Gémeaux sont sûrement les plus adroits pour naviguer au milieu des algues vénéneuses sans se faire empoisonner.

Gémeaux / Sagittaire

Tout feu tout flammes ! Ce sont des voyageurs, des découvreurs : une très belle combinaison. D'un côté les Gémeaux, curieux de tout et de tout le monde, toujours en mouvement, et de l'autre le Sagittaire qui n'a qu'un but : prendre son sac à dos et parcourir la planète. C'est d'ailleurs cette envie de mobilité qui les rassemble. Les Gémeaux parlent de tous les sujets, le Sagittaire est un puits de culture même s'il est un peu gaffeur – un travers qui amuse follement les Gémeaux ! C'est donc une relation légère, très harmonieuse. On peut signaler aussi la grande générosité du Sagittaire (un signe de feu) et l'humour irrésistible des Gémeaux (un signe d'air). N'oublions pas que les Gémeaux sont flatteurs : le Sagittaire, justement, ne déteste pas qu'on l'admire...

Gémeaux / Capricorne

L'intelligence rapide des Gémeaux impressionne le Capricorne. Mais le problème est leur infidélité. Le Capricorne, grand rancunier, ne leur pardonnera jamais leurs incartades. Si le Capricorne est fiable, travailleur, droit dans ses bottes, franc du collier, frontal, offensif et honnête, le natif des Gémeaux, lui, fait à peu près ce qu'il veut, même si sur l'instant il est toujours d'accord sur ce qu'on attend de lui... en apparence. De plus, le Capricorne n'est pas un grand sensuel et les Gémeaux s'ennuient assez vite avec lui, eux qui sont tellement curieux de nouveautés et de découvertes. Et vont voir ailleurs... Cette combinaison marche si nos Gémeaux sont libres d'aller se changer les idées régulièrement.

Gémeaux / Verseau

Quel couple d'amis extraordinaire ! S'ils ne se rencontrent pas trop jeunes, leur histoire peut merveilleusement bien marcher : ils auront appris à respecter l'espace de l'autre, à ne pas s'envahir, à communiquer de façon paisible, c'est en un mot la quintessence de l'amitié amoureuse. Ils s'accordent sur bien des points : tous deux aiment se sentir libres, communiquer, réfléchir. L'insatiable curiosité des Gémeaux s'harmonise avec l'ouverture d'esprit du Verseau. Ce sont deux intellectuels en puissance.

Gémeaux / Poissons

Difficile d'associer un éternel adolescent comme le natif des Gémeaux avec un petit être dans les nuages comme celui des Poissons. La combinaison n'est franchement pas la bonne, d'autant que la communication entre ces deux-là ne fonctionne que par éclipse. Les Poissons, même s'ils sont des rêveurs, aiment être stabilisés, se reposer sur une épaule solide. Il sera complexe pour les Gémeaux de leur apporter l'équilibre qu'ils recherchent. Reste une certaine gentillesse d'une part comme de l'autre. Insuffisant pour former un couple pérenne. C'est pourquoi ils doivent ensemble cultiver la communication, la gentillesse et l'envie de bien faire.

Cancer

Cancer / Cancer

Ce sont deux éternels enfants, des hypersensibles. Curieusement, dans ce duo, la femme est toujours plus mature que l'homme. Elle sera une mère formidable tandis que son partenaire restera à jamais un enfant de plus dans le couple. Ce qui est intéressant dans cette combinaison, c'est leur faculté à devenir des parents en or. Leur progéniture est le centre de leur monde. Mais, peu à peu, leur vie amoureuse se réduit s'ils ne prennent pas soin de s'accorder des moments rien qu'à eux pour entretenir leur couple.

Cancer / Lion

Voici deux signes d'été et donc deux égocentriques. Le Cancer fonctionne à l'affectif : il a besoin d'émotion, de ressenti, il vit dans l'instant. Le Lion, au contraire, possède un cerveau verticalisé et froid et fait preuve d'une autorité globalisante. Attention, malgré les apparences, cette combinaison peut fonctionner : il faut seulement qu'ils se respectent et demeurent chacun dans leur univers spécifique ; le Lion brille à l'extérieur et le Cancer dirige sa maison.

Cancer / Vierge

C'est une très belle association. Un beau mélange de terre et d'eau, certainement l'un des plus féconds. La Vierge construit dans le concret, le Cancer a une forte imagination ; ils se complètent parfaitement et forment même une véritable équipe : aucun des deux n'aime le conflit. Si la Vierge est parfois déstabilisée par les variations d'humeur du Cancer, et si le Cancer trouve en retour chez la Vierge un côté tatillon et maniaque, ils s'associent, dans tous les cas, merveilleusement bien.

Cancer / Balance

D'un côté un profil lunaire, de l'autre, vénusien : le Cancer est tributaire de ses variations d'humeur et la Balance cherche le compromis, généralement à n'importe quel prix. Cette dernière peut facilement se faire phagocyter, envahir, paralyser par le tempérament imprévisible du Cancer. En revanche, ils peuvent entretenir une relation paisible et sans trop de conflits. La Balance peut souffrir d'un manque de renouvellement sur le plan social et relationnel et se sentir étouffée par ce Cancer si casanier. Si chacun dispose d'un espace vital suffisant, alors, oui, pourquoi ne pas essayer ?

Cancer / Scorpion

La combinaison est intéressante parce que ce sont deux signes d'eau : ils se comprennent sans se parler, ce sont tous deux des intuitifs. Le Cancer est un affectif, toujours très protecteur, le Scorpion, une bête de combat, un anxieux, un angoissé qui trouve enfin un terrain de repos avec le Cancer. Mais attention, le Scorpion peut prendre un grand plaisir à taquiner le Cancer, parfois même de façon sadique, histoire de mettre un peu de piment dans leur quotidien. Ils vivent parfois trop dans leur monde, ce qui peut les couper de l'extérieur.

Cancer / Sagittaire

Bizarrement, ils sont très différents, mais la combinaison est belle. Ils ont tous les deux une pièce maîtresse, une planète commune : Jupiter, la loi, l'ordre, l'organisation. Ils en deviennent très complémentaires. Le Sagittaire est une force de vie, celui qui fonce, tout feu tout flammes, dans l'optimisme et la chaleur démesurée, tandis que le Cancer freine des quatre fers si cela va trop vite. Il le reconnecte ainsi aux principes fondamentaux d'une vie linéaire et organisée. Au bout du compte, ils s'harmonisent très bien. Le Sagittaire doit tout de même faire attention à ne pas être trop franc ni trop gaffeur, car le Cancer a une mémoire d'éléphant et pourra des années plus tard lui rappeler ce qui lui a déplu.

Cancer / Capricorne

Le Cancer, c'est l'intuitif, axé sur la cellule, la famille, l'environnement immédiat, tandis que le Capricorne est un ambitieux qui se projette sur le long terme, parfois un peu froid, un peu sec. Mais, contrairement aux apparences, c'est une excellente combinaison : ils cultivent tous deux un talent pour se partager le sens des responsabilités, et cette répartition des tâches se fait naturellement. Cette relation marche sur la durée à une condition : le Capricorne doit intégrer que le Cancer est une petite chose fragile qui prend tout au sérieux, et le Cancer doit comprendre que le Capricorne a besoin de travailler, veut faire carrière et qu'il ne doit pas être encombré par les détails du quotidien.

Cancer / Verseau

Comme ils sont différents, ces deux-là ! Le Cancer est un vrai casanier tandis que le Verseau est un oiseau sur la branche, qui ne supporte pas de se sentir prisonnier d'un foyer. Cette relation complexe peut pourtant fonctionner sur un point : ils doivent réussir à mettre en place une espèce d'amitié amoureuse. Car, quoi qu'il arrive, ils seront rarement de grands amants, de grands passionnés, mais pourront sûrement très bien vieillir ensemble, à la condition que le Cancer accepte le besoin de liberté du Verseau et que ce dernier rassure le Cancer sur la qualité de son engagement.

Cancer / Poissons

Deux signes d'eau, deux intuitifs, deux affectifs donc deux mécanismes qui s'entendent bien et sont sur la même longueur d'onde. La complexité de cette relation va dépendre de la facilité avec laquelle ils parviendront à communiquer. S'ils arrivent à parler simplement de leurs ressentis respectifs, tout se passera très bien. Dans le cas contraire, si chacun s'enferme dans son monde imaginaire, sa tour d'ivoire, ce ne sera évidemment pas pérenne. Ce sont leurs différences de compréhension qui poseront un problème, ils évolueront parallèlement sans jamais être reliés. Mais ils ont énormément de points communs, presque tout pour s'entendre.

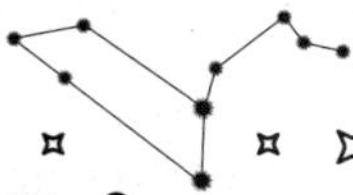

Lion

Lion / Lion

Ce sont deux fortes personnalités en confrontation et soudain l'adage « il n'y a jamais deux coqs dans la même basse-cour » me vient à l'esprit. Il n'y aura pas forcément entre eux une guerre d'ego, mais un besoin de lumière réciproque assez marqué. Cette combinaison peut fonctionner si chacun a un terrain de réalisation différent de celui de l'autre, s'ils n'entrent pas en compétition. Ils doivent intégrer qu'un couple gagne à cultiver sa lumière à l'extérieur sans être en confrontation avec l'autre. Lorsqu'il prend ce chemin-là, le duo peut très bien fonctionner. Leur grand point faible, c'est l'argent : puisqu'ils considèrent qu'ils méritent ce qu'il y a de meilleur, ils dépensent sans compter. Leurs problèmes communs pourraient être alors d'aspect financier. S'ils veulent vivre harmonieusement, ils doivent être prudents et avoir des goûts moins dispendieux, tout en maîtrisant leur orgueil parfois affleurant.

Lion / Vierge

Une combinaison complètement atypique : le feu et la terre. Et, je le répète, le feu brûle la terre. Cette relation peut pourtant fonctionner dans la mesure où le Lion est un être sûr de lui et la Vierge un excellent numéro deux, un satellite. Elle a un bon sens pratique, peut aider à concrétiser sur le terrain ce que le Lion essaie de mettre en lumière, généralement de manière globale et abstraite. Même si cette combinaison est belle, on a tout de même affaire à deux opposés : l'infiniment grand avec le Lion, l'infiniment petit avec la Vierge, la dynamique globale avec le Lion, le détail avec la Vierge. Celle-ci est une gentille, une patiente, mais ne supporte pas qu'on élève le ton ; alors si le Lion garde son calme, ils pourront s'entendre.

Lion / Balance

Encore une merveilleuse combinaison. Le Lion, on le sait, aime briller, être mis en lumière, exercer son autorité sans être contrarié : il y a toujours un Napoléon Ier qui sommeille en tout Lion ! La Balance, elle, adore avoir à ses côtés quelqu'un qui donne le ton, qui a de l'autorité et qui est sûr de lui. Elle n'aime pas les craintifs, les hésitants, qui lui donnent le sentiment d'être dans le flou. Avoir quelqu'un de fort en face d'elle la rassure. Le feu et l'air, deux éléments qui marchent très bien ensemble. Le Lion doit cependant ne pas écraser la Balance du poids de son autorité naturelle.

Lion / Scorpion

Aïe ! Le Soleil diurne (Lion) face au Soleil nocturne (Scorpion) : deux autorités irréductibles qui, de façon différente, veulent exercer un pouvoir de domination sur tout. Le premier, le Lion, occupe l'espace : c'est un hâbleur, celui qui lève le ton pour tout et n'importe quoi ; le second, le Scorpion, aime le pouvoir de l'ombre. S'il se sent agressé, le Scorpion attend le Lion au tournant pour mieux lui renvoyer des paroles bien ciblées. Cette relation risque d'être à la fois passionnelle et agressive. Il faut même s'attendre à des relations hautes en couleur qui laissent peu de place à la morosité et à l'ennui.

Lion / Sagittaire

Le Lion, l'autorité, trouve un parfait écho avec le Sagittaire qui est gouverné par Jupiter, un mélange de bienveillance et de chaleur. Le Sagittaire brille à travers la lumière diffusée par le Lion grâce à son côté pygmalion, mécène, de ceux qui découvrent le talent chez les autres. Le Sagittaire est admiratif du Lion et le Lion est admiratif... de ceux qui l'admirent ! Une magnifique combinaison. La relation n'en sera que plus durable si l'étincelle de l'admiration se maintient dans l'œil du Sagittaire.

Lion / Capricorne

Une combinaison très disparate. Le Lion et son feu brillant de l'été d'un côté, de l'autre le Capricorne, tout en sobriété. Ce dernier est plutôt une chèvre, celle qui grimpe la montagne par le chemin le plus escarpé, le plus dur. Ils ont des besoins très différents : le Lion fonctionne à l'épate, c'est le roi du coup de gueule, toujours très théâtral. Mais rien dans cette attitude ne bluffe le Capricorne, qui regarde tout ça de très loin. Pourtant, il peut être séduit par la chaleur et la force de vie du Lion. Cette drôle de combinaison donne d'excellents partenaires professionnels : à eux deux, ils peuvent construire de grandes choses. Lorsque le Lion a des projets, le Capricorne exécute le travail avec un grand sens de l'organisation. Ils sont donc très complémentaires professionnellement. Sentimentalement, c'est une autre histoire, mais ils apprennent à s'apprécier sur la durée.

Lion / Verseau

Les opposés s'attirent naturellement, dit-on. Avec le Lion et le Verseau, nous voici servis ! Le Lion est comme un enfant, il considère que son nombril est le centre du monde. Le Verseau est un véritable adulte : il a bien compris qu'il n'était qu'un grain de sable dans le désert. Le premier domine et occupe l'espace tandis que le second songe surtout à préserver sa liberté de mouvement sans se sentir étouffé. Mais, après tout, pourquoi pas ? La combinaison fonctionnera si chacun respecte la liberté de l'autre. Car, ne l'oublions pas, ils ont en commun un profond besoin de liberté.

Lion / Poissons

C'est une combinaison heureuse parce que le Lion est un dominant qui supporte difficilement d'être contrarié et le Poissons un imaginatif hypersensible chez qui le besoin de rêver est prédominant. Il est généralement très heureux de se laisser embarquer dans les désirs, les projets et les ambitions du Lion. La complémentarité est belle, car ils ont l'art de s'entendre, même si l'un et l'autre ne vivent qu'au travers de projets qui se renouvellent en permanence, maintenant ainsi cet optimisme qui leur fait voir la vie en rose !

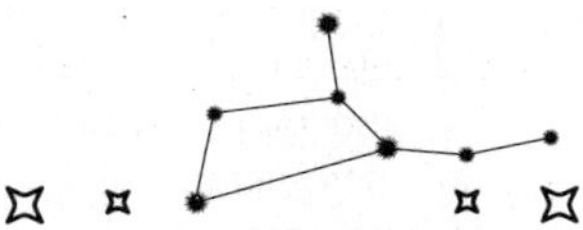

Vierge

Vierge / Vierge

Un couple tout à fait adorable. Lorsqu'elles ont confiance l'une dans l'autre, elles sont les plus bienveillantes et les plus protectrices. Comme tous ces partenaires qui ne demandent que simplicité et paix, elles cultivent une espèce de gentillesse réciproque attendrissante. Et puis, elles s'entendent très bien au lit ! Un seul risque dans leur histoire : enclencher la spirale des reproches réciproques. Si elles entrent dans ce processus, elles vont se chamailler pour des détails. Si elles ont l'intelligence de passer outre les petites choses agaçantes de la vie courante, leur relation sera une pure merveille d'échanges et de tendres attentions.

Vierge / Balance

Enfin une combinaison qui est tout à fait paisible, pérenne, harmonieuse et raffinée. La Vierge, excellente communicante, intellectuelle, aime par-dessus tout l'équilibre. La Balance lui apporte calme, harmonie et esthétisme, un quotidien doux et durable. Attention tout de même, la Balance peut s'ennuyer face à ce gentil bonnet de nuit qu'est la Vierge : cette dernière aime tant ses petites habitudes ! La Balance doit conserver une vie sociale rien qu'à elle de manière à maintenir cette soupape, ce besoin de relation extérieure qui la fait exister.

Vierge / Scorpion

On oppose là une intelligence analytique à une intelligence profonde et instinctive. La Vierge est admirative de la volonté, voire du courage, du Scorpion, tandis que le Scorpion ressent une estime profonde pour les capacités intellectuelles de la Vierge. L'ambiance peut alors être particulièrement heureuse, car le mélange terre et eau joue en leur faveur. En revanche, si la Vierge montre des doutes et commence à se sentir fragile face au Scorpion, il n'en fera qu'une bouchée. On comprend pourquoi nombreuses sont les Vierge qui fuient les Scorpion... Par expérience, elles ont bien compris que la perspective de se faire piquer est une source de stress et d'inquiétude dont elles peuvent se passer.

Vierge / Sagittaire

C'est tout un poème ! Le côté intellectuel, organisé de la Vierge est très attirant pour le Sagittaire. Il l'aime d'ailleurs pour ces qualités-là. Mais il a un caractère beaucoup plus puissant. En bon signe de feu, il respecte avant tout ceux qui ont du tempérament... et ce n'est pas le cas de la Vierge, du moins en apparence. Le Sagittaire a tendance à lever le ton, c'est un jupitérien – les fameuses colères de Zeus. S'il est plein de chaleur, c'est aussi un gueulard, un genre de capitaine Haddock. Or, la Vierge, ce serait plutôt la Suisse ! Elle aime le calme et ne peut supporter les éclats de voix de son partenaire qui la feront tout simplement fuir. Il y aura donc entre eux une grande attirance physique, mais un vrai problème de communication.

Vierge / Capricorne

C'est une magnifique combinaison ! Deux cérébraux, deux analystes, deux tempéraments constructifs, deux dispositions à voir loin et à construire dans le concret. Leur confiance mutuelle permettra une relation pérenne qui ne cessera de se consolider avec les années. À condition que le Capricorne, s'il est certes d'une fiabilité à toute épreuve, comprenne que la Vierge déteste une seule chose : se faire vilipender ! Le Capricorne dispose d'un talent tout particulier pour faire de sa Vierge parfois plan-plan une merveilleuse amante.

Vierge / Verseau

Excellente combinaison sur le plan intellectuel, avec une grande capacité à s'instruire. Ce sont des créatifs et leur alchimie est très grande. En revanche, la Vierge est une casanière et le Verseau n'a qu'une angoisse : se retrouver enfermé dans un schéma répétitif. Il a besoin de renouvellement. La Vierge peut alors souffrir de ce côté très indépendant. Sur le plan amical, la combinaison peut se révéler vraiment intéressante. Il est important qu'ils conservent chacun une activité à l'extérieur.

Vierge / Poissons

Les opposés s'attirent. Ils ont cependant en commun cette profonde recherche de simplicité, de gentillesse qui va même les alimenter l'un l'autre, ainsi qu'une envie de bien faire dans le quotidien. Mais cette relation comporte des risques : si la Vierge est ancrée dans sa routine, si son esprit est avant tout pratique, les Poissons, eux, sont des rêveurs, et leur imaginaire n'est pas toujours synchronisé avec le côté pragmatique, essentiellement terre à terre, de notre Vierge écureuil.

Balance

Balance / Balance

C'est une très belle combinaison axée sur la douceur et le charme. Si l'attirance physique et émotionnelle est très puissante, la pérennité de ce couple n'est jamais certaine, car chacun attend de l'autre qu'il prenne le leadership. Si cela n'arrive pas, la relation se transforme en une espèce d'amitié amoureuse qui évoluera bien avec le temps. C'est pourquoi, si les deux Balance arrivent à s'équilibrer, c'est le couple parfait, fusionnel : il passera sa vie ensemble sans jamais se lasser, à condition de créer une vie sociale riche, entourée de nombreux amis.

Balance / Scorpion

La Balance est certainement le seul signe que le Scorpion supporte et qui ne lui en veut pas s'il se fait voler dans les plumes ! En effet, la Balance n'est pas contrariante, toujours d'accord avec ce qu'on lui propose. Elle aborde la relation affective avec charme, douceur, tolérance, respect. Mais c'est un signe d'air : son besoin d'oxygène, de liberté, d'autonomie est grand. Au grand dam du Scorpion qui est possessif et dominant. Il déteste le côté largement amical de la Balance, celle-ci adorant être charmée et être aimée, au risque de le culpabiliser. Retenons enfin que la relation peut être profonde et la sensualité, très épanouie.

Balance / Sagittaire

Quelle belle harmonie, peut-être même l'une des plus belles ! Le Sagittaire est un concentré d'optimisme. Il voit la vie du bon côté, il est stimulant et encourageant. La Balance a beaucoup d'estime, d'amour et d'admiration pour ce tempérament qui lui permet de passer outre sa mélancolie naturelle. Quant au Sagittaire, il est très sensible à la gentillesse de la Balance, qui n'est pas contrariante et dégage une grande douceur. C'est un couple que j'encourage vivement : il est tout simplement au-dessus de la moyenne.

Balance / Capricorne

Ces tempéraments s'entendent difficilement : tous les deux sont sous la maîtrise de Saturne, ce qui se traduit chez le Capricorne par une fermeté, voire une dureté, une ténacité. C'est un ambitieux, très armé pour réaliser ses objectifs. Mais il réveille chez la Balance la mélancolie et le doute, des états de déprime qu'il faut surveiller attentivement. Ce peut être une combinaison intéressante à condition que le Capricorne comprenne le besoin de douceur de la Balance et que cette dernière ne prenne pas au premier degré les coups de lame de rasoir dans le cœur qu'il ne peut s'empêcher de lui donner. Car, ne l'oublions pas, si le Capricorne est un modèle de fiabilité, il peut être aussi un concentré de fermeté.

Balance / Verseau

Ces deux signes d'air peuvent construire ensemble ce qu'on pourrait identifier comme une belle relation d'amitié amoureuse. On s'entend, on se respecte, on se parle de tout, sans tabou, sans a priori, chacun respectant la liberté de l'autre, parce qu'elle fait écho à leur propre désir. Deux amis, ou deux amants, qui préservent leur espace vital pour mieux se retrouver. Ils disposeront d'un talent tout particulier pour créer un large réseau d'amis. Ils forment un couple tout à fait délicieux en société.

Balance / Poissons

Si vous aimez les relations faites de non-dits, vous êtes servi ! « Mieux vaut ne rien dire et passer pour un con plutôt que de s'exprimer et ne laisser aucun doute sur le sujet » correspond assez bien à ces deux natures ! La Balance a un grand besoin d'être aimée et rassurée. Son amour pour la liberté correspond bien aux Poissons pour qui c'est également une nécessité. Cependant, les Poissons aiment se raccrocher à un rocher solide. Ils doivent, sur ce plan, être rassurés. Voici donc un couple tout à fait délicieux qui s'entend naturellement très bien. Ils peuvent vivre en parallèle sans s'affronter et ne se retrouver que lorsqu'ils le désirent. Bien sûr, il faudrait qu'ils communiquent un peu plus pour que leur relation fonctionne tout à fait.

Scorpion

Scorpion / Scorpion

C'est le seul animal qui ne supporte que ses congénères ! Leur vie est à l'image d'un roman passionnel et passionné, ils s'adorent et ils se détestent avec la même intensité et à cycles réguliers. Les élans du cœur sont très puissants, le besoin de se retrouver sous les draps, fréquent, leur affection est réciproque, ils sont attachés l'un à l'autre comme le lierre à son rocher, leurs rapports ne sont jamais tièdes. Mais les périodes d'émulation sont d'une extraordinaire intensité : une fois qu'ils se sont trouvés, ils ne peuvent plus vivre l'un sans l'autre, même si leur relation peut être émaillée de crises de jalousie et de possessivité.

Scorpion / Sagittaire

Ils ont en commun un certain art de vivre et des relations extrêmement fortes. Le Sagittaire trouve chez le Scorpion les besoins affectifs qui lui sont nécessaires, et réciproquement. Ils sont également faits pour s'entendre sur le plan des idéaux. En revanche, le Sagittaire, toujours très franc, dispose d'un talent tout particulier pour envoyer ce qu'il appelle des « flèches de vérité », tandis que le Scorpion a le don de les lui renvoyer...

empoisonnées. La pérennité de leur relation dépendra de leurs capacités à renouveler ce qui nourrit leur sexualité.

Scorpion / Capricorne

Ces deux bêtes de combat ont en commun une ambition qui ne cesse de croître avec le temps. Leur association leur permet de se fixer des objectifs ambitieux avec d'excellents moyens d'y parvenir. En revanche, le Scorpion a davantage de besoins sur le plan sensuel et physique que le Capricorne. Leur relation pêchera sur la durée sur ce terrain-là, car si le Scorpion est très en demande de sensualité, le Capricorne est déjà passé sur un axe plus rationalisé, celui de la maîtrise des émotions. Mais c'est un duo qui tient quand il a des affaires ou des projets en commun.

Scorpion / Verseau

Leur point commun : ce sont deux rebelles. Mais le Scorpion aime de façon passionnelle et exclusive, tandis que le Verseau est rapidement gêné par cette exclusivité et cette possessivité, les deux différences qu'il a justement le plus de mal à supporter. Le Verseau est un oiseau sur la branche : si on lui court après, il s'envole, et si on s'éloigne, il revient. Il a un grand besoin de liberté, de mobilité. Et aussi ce sens de l'amitié où, telle une abeille, il bourdonne de fleur en fleur et se pose là où il a envie, quand il en a envie. Cette attitude exaspère le Scorpion qui tente de le coincer. S'il y parvient, l'oiseau pourrait bien finir par s'envoler...

Scorpion / Poissons

Le Scorpion est un passionné, un courageux, qui affronte toutes les difficultés de la vie sans ciller, tandis que les Poissons sont des inquiets, des hypersensibles. Leurs tempéraments sont certes différents, mais, paradoxalement, très complémentaires. Le natif des Poissons, grâce à sa grande générosité, est très certainement le seul capable de désarçonner, d'apaiser l'agressivité du Scorpion, qui baissera les armes et se sentira enfin tranquillisé. Cette combinaison est magnifique tant ils se font du bien l'un l'autre. Le Scorpion, devant ce tempérament antibelliqueux et facilitateur, s'attachera profondément.

Sagittaire

Sagittaire / Sagittaire

Voici deux profils éminemment épris de justice, de liberté et d'aventure, qui ont tout pour s'entendre. Leurs qualités : franchise, chaleur, honnêteté, spontanéité, bienveillance et générosité. Mais ce sont aussi les champions au jeu de celui qui criera le plus fort. Et leurs humeurs ne sont pas systématiquement synchronisées ! En revanche, du point de vue physique, ils ont beaucoup de points communs. Mon conseil : qu'ils privilégient une communication douce plutôt que des élans de passion enflammés. Ils doivent savoir que leurs mots dépassent souvent leurs pensées, or ils ont une faiblesse commune : leur énorme susceptibilité. Et pour ces deux susceptibles qui disent ce qu'ils pensent sans prendre de gants, le risque de friction peut, pour le moins, finir par les fatiguer.

Sagittaire / Capricorne

J'aime beaucoup cette combinaison : le feu de l'hiver, incarné par le Sagittaire, envoie une sacrée énergie, mais ce signe est parfois naïf, rêveur, trop idéaliste. Le Capricorne, de son côté, demeure avant tout un pragmatique, c'est lui qui a les pieds sur terre. Il ne se laisse jamais bluffer par cet élan un peu éthéré du Sagittaire. Ils sont pourtant extrêmement complémentaires : le Capricorne est d'une nature plutôt déprimée qui se trouve soudain ragaillardie par l'optimisme revigorant du Sagittaire. Ce dernier voit également le Capricorne le ramener dans le concret et dans la réalité de la vie. Le risque, c'est tout de même leurs différences : l'optimiste et le pragmatique, la carpe et le lapin. La clé de voûte sera alors la communication. S'ils arrivent à parler, le couple peut fonctionner très bien et très longtemps.

Sagittaire / Verseau

Si cette combinaison est passionnante, c'est que nous avons ici deux profils indépendants. Ils ont des idéaux communs : les voyages, la découverte, la culture, ont un grand sens du respect de l'autre, aiment tous deux leur indépendance et leur liberté. Tout cela les rassemble. Le Sagittaire est un élément feu, le Verseau, air, et cette association feu-air est optimisée au maximum. Si vous êtes Sagittaire et que vous rêvez de faire le tour du monde, de partir à l'aventure, ou d'être hors système, fuyez avec le Verseau ! On vous promet le meilleur des voyages !

Sagittaire / Poissons

Ils ont en commun deux planètes : Neptune et Jupiter. Pour le Sagittaire, Jupiter est le premier maître, chez les Poissons, Neptune est la planète la plus puissante. Le Sagittaire a une force de vie et d'optimisme qui plaît aux Poissons. Ces derniers adorent ce besoin constant de projets. Les Poissons seront donc très heureux avec le Sagittaire qui leur promet des lendemains qui chantent. Quant au Sagittaire, il trouve dans les Poissons une oreille attentive, qui stimule son imagination déjà fertile. Le problème : ce sont deux rêveurs qui peuvent vivre en dehors de la réalité. La matérialité ne sera jamais leur objectif premier. Mais j'ai vu des couples Sagittaire-Poissons exceptionnellement heureux tant ils ont de points pour s'entendre. Attention tout de même au Sagittaire s'il voulait officialiser, voire légaliser, leur relation : les Poissons pourraient prendre la poudre d'escampette. Le Sagittaire doit être suffisamment adroit pour ne rien forcer et « pêcher » son natif des Poissons sans en avoir l'air !

Capricorne

Capricorne / Capricorne

S'il existe un couple d'ambitieux pathologiques qui s'apparentent le plus à ce qu'on appelle les « spartiates », ce sont bien eux ! Chez eux, on ne parle que s'il le faut et les câlins sont en option. Mais on ne fait pas plus fiables, plus sérieux. Champion du travail bien fait, de la fidélité, de l'honnêteté, de la franchise, ce couple forme deux blocs de granit qui ont trouvé leur parfait écho. Ensemble, ils sont un concentré de rigueur absolument remarquable. Qu'ils fassent cependant attention à apporter de la légèreté et de la joie de vivre à leurs enfants, qui vont naître dans un environnement dans lequel la rigolade et le plaisir ne seront pas la priorité au quotidien.

Capricorne / Verseau

Tous les deux sont des enfants de Saturne. Le Capricorne aime construire sur la durée, parfois avec un peu d'austérité, souvent dans le repli et l'isolement. Le Verseau, à l'inverse, est un signe d'air qui a énormément besoin de liberté, d'autonomie, de liens humains et d'ouverture sur l'extérieur. La relation sera globalement bonne, car ils ont de nombreux points communs. Mais il arrive fréquemment que le Verseau aille chercher une boîte d'allumettes et ne revienne pas avant dix ans : il est très difficile pour lui de vivre dans un environnement aussi rigide. Certes, le Capricorne est intègre, rigoureux et rassurant, mais avant tout polarisé sur les contraintes de la vie, parfois trop, en tout cas, pour notre Verseau.

Capricorne / Poissons

Là encore, quelle belle combinaison ! Le Capricorne est un roc, un concentré de fiabilité. Le natif des Poissons va s'accrocher à lui pour se sentir sécurisé. Il va s'enraciner solidement sur ce chêne planté dans le sol qui va lui donner toute la consistance, l'organisation, la structure et la rigueur qui lui font tellement défaut. De son côté, le Capricorne va trouver chez les Poissons une douceur, une humanité, une délicatesse, une finesse, une empathie qui vont l'humaniser. J'encourage plus que très vivement cette combinaison. Ils ont tout à gagner à être ensemble.

Verseau

Verseau / Verseau

Ces deux profils sont des concentrés d'indépendance. Ils auront la chance de réussir à préserver jusqu'à la fin de leurs jours une relation d'amitié amoureuse tout à fait douce et légère, autant que délicieuse. Ces deux-là ont besoin d'autonomie, de se sentir légers, libres, de mélanger amitié et amour, de naviguer au gré du vent en fonction des bourrasques de la vie, sans se sentir contraints de quelque manière que ce soit. Ils ont d'extraordinaires points communs. Ils peuvent avoir des amis très différents, mais rien ne les empêchera de vivre ensemble en bonne intelligence.

Verseau / Poissons

Quelle association inattendue ! D'un côté le Verseau, un profil air, respectueux des autres et profondément indépendant, de l'autre les Poissons, une nature pleine de délicatesse à l'imagination débordante. Le Verseau bouge en permanence tandis que le natif des Poissons cherche à s'enraciner, rêve d'une vie stable, malgré sa grande quête d'imaginaire : il cherche une épaule solide sur laquelle se reposer. Ce n'est certes pas avec le Verseau qu'il la trouvera. En revanche, il y trouvera un ami pour la vie. Et, comme aucun des deux n'aime les conflits, ils peuvent construire une belle histoire en cultivant un grand respect réciproque.

Poissons

Poissons / Poissons

Bienvenue dans le monde des « Bisounours » ! Deux rêveurs, deux imaginatifs, deux êtres hypersensibles qui partagent les mêmes idéaux, ont besoin de cultiver leur sens de l'altruisme, du dévouement, de la gentillesse. Mais qui risquent aussi de perdre pied devant les réalités pratiques de l'existence et les contingences matérielles. On a affaire à deux personnalités merveilleusement faites pour s'engager dans une mission humanitaire, mais pas pour devenir comptables ! L'entente est belle et elle sera encore plus durable s'ils font attention à leurs finances et à leur organisation au quotidien. Face à un obstacle, ils ne doivent pas abandonner, mais faire corps et s'encourager mutuellement.

Et si vous tentiez de deviner le signe de votre futur partenaire ?

Mesdames, il y a des signes qui ne trompent pas, vous le savez bien. Voyons si les questions suivantes vous font repérer rapidement le signe de votre interlocuteur !

...

Il s'intéresse à tout, peut parler de tout et de n'importe quoi et vous fait hurler de rire ? Il vous sert un baratin bon marché pour vous mettre dans son lit ? C'est un natif des Gémeaux !

Il est sérieux, concret, toujours précis, réservé et franc du collier ? Il ne s'intéresse qu'à son plan de carrière ? Il est un petit peu ennuyeux tout de même ? C'est un Capricorne !

Il vous regarde comme si vous étiez la huitième merveille du monde et vous traite comme une princesse ? Il parle beaucoup de lui et de ses exploits ? Car il a tout vu, il sait tout et a tout fait ? C'est un Lion !

Il est réservé, voire timide, s'intéresse à vous et cherche à vous comprendre avec subtilité ? Il fait un pas en avant et quatre pas en arrière ? Il parle beaucoup de sa maman ? C'est un Cancer !

Elle est douce et délicate, mais peut plonger soudain dans la déprime ? Son charme irrésistible vous fait fondre à partir du moment où ses yeux ne sont pas rivés sur le décolleté de la voisine ? C'est une Balance !

Il a de l'imagination à revendre, son empathie est admirable, on le surnomme « Mère Teresa » ? Ses rêves de château en Espagne peuvent être touchants, mais font de lui un mythomane qui s'ignore ? C'est un natif des Poissons !

Il porte en permanence son sac à dos pour pouvoir partir n'importe où, n'importe quand ? Il est parfois un peu snob et se croit même sorti de la cuisse de Jupiter ? C'est un Sagittaire !

Il est le meilleur des amis, préfère parler des autres que de lui-même, avec ce petit côté original tout à fait désarmant et parfois agaçant ? Il se comporte comme un oiseau sur la branche ? C'est un Verseau !

Il aime décider pour les autres, est toujours partant pour l'aventure, prend les initiatives ? Il a un avis parfois un peu trop tranché et ne voit pas plus loin que le bout de son nez tant il vit dans l'instant présent ? C'est un Bélier !

Elle analyse tout dans le détail, n'est pas très à l'aise mais à l'écoute ? Elle peut vous tenir un monologue interminable sur un sujet inintéressant ? Elle est perfectionniste, pour ne pas dire maniaque ? C'est une Vierge !

Il se délecte avant tout des bonnes choses de la vie, adore découvrir de nouveaux restaurants ? Il préfère vivre pour manger que manger pour vivre ? Il est quelque peu obtus ? C'est un Taureau !

Il est mystérieux et son charisme est inégalable ? Il déteste qu'on le contrarie ? Vous sentez qu'il veut vous emmener au plus vite sous la couette sans perdre de temps ? C'est un Scorpion !

CONCLUSION

À travers ces pages, j'ai avant tout essayé de vous donner des clés pour vous aider à trouver le partenaire vous correspondant le mieux… sans perdre trop de temps ! Mon second objectif consiste à vous apporter quelques éléments pour valoriser votre relation amoureuse sur la durée. L'expérience m'a démontré qu'en se synchronisant sur une bonne base dès le départ on peut éviter un certain nombre d'incompréhensions et de frictions, qui, quoi qu'on pense, laisseront une empreinte dans la relation.

Au contraire, si vous comprenez au plus vite comment fonctionne l'autre, vous donnerez toutes les chances à votre couple.

Je repense avec affection à cette femme qui cherchait un homme beau, sexy, attentionné, fidèle, gentil, patient et brillant, charismatique, honnête, affectueux, passionné, généreux et cultivé, dynamique, drôle, sensible et imprévisible. Tout cela, bien évidemment, en attendant de rencontrer le prince charmant ! À l'impossible nul n'étant tenu, et, intelligente comme vous l'êtes, vous savez bien que la perfection n'est pas de ce monde. Vous devez, en toute conscience, séparer le bon grain de l'ivraie pour faire le bon choix.

Une étude sur la recette du bonheur, réalisée par des scientifiques de l'université Harvard, m'a particulièrement touché : sa conclusion laisse apparaître que ce qui nous rend le plus heureux est la qualité des relations entretenues avec notre entourage. À vous alors de tirer le meilleur profit des informations fournies dans cet ouvrage. Je vous fais confiance…

Édition
Marion Salort

Couverture
Studio Piaude

Mise en pages
Nord Compo

Illustrations
Sibylle Ristroph

Correction
Clara Féquant

Fabrication
Christian Toanen, Nikola Savic

Imprimé en Espagne
Dépôt légal : novembre 2022
ISBN : 979-10-224-0574-4
POC : 0382